Jean-Rigobert Ello Ntoutoume

LE TEMPLE ET L'EGLISE

Jean-Rigobert Ello Ntoutoume

LE TEMPLE ET L'EGLISE

L'enseignement du Seigneur Jésus-Christ aujourd'hui

Éditions Croix du Salut

Imprint
Any brand names and product names mentioned in this book are subject to trademark, brand or patent protection and are trademarks or registered trademarks of their respective holders. The use of brand names, product names, common names, trade names, product descriptions etc. even without a particular marking in this work is in no way to be construed to mean that such names may be regarded as unrestricted in respect of trademark and brand protection legislation and could thus be used by anyone.

Cover image: www.ingimage.com

Publisher:
Éditions Croix du Salut
is a trademark of
International Book Market Service Ltd., member of OmniScriptum Publishing Group
17 Meldrum Street, Beau Bassin 71504, Mauritius

Printed at: see last page
ISBN: 978-613-7-36935-7

Introduction

David décida de bâtir un temple à Dieu qui ne l'avait pas demandé. Salomon bâtira ce temple[1]: une maison en forme de bâtiment ou édifice dont la construction dura sept ans. Il reconnaîtra d'emblée que Dieu n'habite pas sur terre. Néanmoins, la gloire et la sainteté de Dieu se manifestaient dans ce temple visible. Il était le lieu indiqué par Dieu pour enseigner aux Juifs la nécessité de la sainteté, et la gravité du péché. Ensuite il fut détruit et remplacé par un second temple[2]. Au temps du Seigneur Jésus-Christ le second temple existait toujours. Le peuple s'y assemblait pour prier, se prosterner et adorer Dieu.

Au regard de l'œuvre et de l'enseignement du Seigneur Jésus sur son église, le second temple était-il toujours le lieu de la gloire et la sainteté de Dieu? Comment Jésus envisage-t-il le temple et l'église dans son œuvre? Quel enseignement pour aujourd'hui? La réponse nécessite un "*examen béréen*[3]" de ce que la Parole de Dieu enseigne. Il s'agit de lire d'importants morceaux choisis des Ecritures et les gauler[4] pour qu'ils s'expliquent par eux-mêmes. Les fruits recueillis sont rassemblés en quatre parties qui montrent que Jésus, le temple invisible, édifie son église dans des maisons ordinaires. I) Le constat d'un temple paganisé. II) Le don du Saint-Esprit et l'édification de l'église. III) La communion de Jésus-Christ et l'évangélisation. IV) L'espérance, la persévérance et l'adoration en Jésus-Christ.

---

[1] (1Rs.6,1-38; 8,17-19; 8,27; 1Rs.8,11; 2Chro.5,1-14; Ps.5,8; **Esa.6,1-13**)

[2] La reconstruction du second temple, permise par Cyrus, dura plus de 20 ans (Esdras.6,3). Hérode fit agrandir ce second temple pendant 46 ans (**Jn.2,20**). J. Patrich: De Salomon à Hérode, histoire d'un temple. Traduction: L. Mistral, academia.edu. Consulté en mai 2019.

[3] (Ac.17,10-12). ***Examen béréen*** = vérification et méditation des textes précis comme les Juifs de Bérée pour se conformer avec exactitude à la révélation (Ps.119,130). Source: La Bible Thompson, Louis Second, Edition Vida, 1990.

[4] **Gauler** = secouer un arbre pour cueillir les fruits. Dans les textes on relève les **mots clés**, expressions..., à expliciter par les définitions, rôles, importance... Leur compréhension est la révélation qui éclaire le sens implicite et explicite des morceaux; qui induisent ensuite le sens du texte.

I - LE CONSTAT D'UN TEMPLE PAGANISE

Le Seigneur Jésus a connu le second temple. Il en fut très zélé. Cela n'empêche pas de dresser le constat d'un temple paganisé. Il envisagera le salut par la foi et par la grâce; et scellera la Nouvelle Alliance dans une maison avant de souffrir la croix. Il promettra aussi de bâtir son église. Cette première partie aborde quatre points: un bref rappel de la vie de Jésus-Christ. La maison de trafic. La caverne de voleurs. La promesse de Jésus: bâtir son église.

Un bref rappel de la vie de Jésus-Christ

Jésus-Christ est le Fils de Dieu[5]. Il est un avec le Père[6]. Il est Dieu incarné. Il est le mystère de Dieu. Jésus-Christ est le Roi des rois et le Seigneur des seigneurs. Il est la Parole de Dieu incarnée. Marie, fiancée de Joseph, enfanta Jésus à Bethléhem en Judée; ayant été enceinte par la vertu du Saint-Esprit. Il fut mis dans une crèche car il n'y avait pas de place à l'hôtellerie. Vers 12 ans il impressionnait les docteurs du temple qui l'écoutaient étant frappés de son intelligence et ses réponses[7].

Avant le ministère de Jésus, Jean-Baptiste prêchait la repentance en disant: <<*repentez-vous*[8] *car le royaume des cieux est proche*>>. Il ajoutait: <<*Déjà la cognée est mise à la racine des arbres: tout arbre qui ne produit pas de bons fruits sera coupé et jeté au feu*>>. Au début de son ministère Jésus prêchait le même message en disant: <<*le temps est accompli, le royaume de Dieu est proche repentez-vous et croyez à la bonne nouvelle*>>[9].

---

[5] (Mat.14,33;20,31;Hé.1,8-12)
[6] (Jn.10,30;14,8-11)
[7] (Lc.2,46-47;Mc.6,13)
[8] (Mat.3,1-2)
[9] (Mc.1,14-15)

Jésus n'avait pas de maison quoique charpentier et fils de charpentier. Un jour quelqu'un lui dit Maître je te suivrai où tu iras. <<*Jésus lui répondit: Les renards ont des tanières, et les oiseaux du ciel ont des nids; mais le Fils de l'homme n'a pas où reposer sa tête*[10]>>. Il n'avait pas construit de temple. Il choisit douze apôtres qu'il enverra prêcher l'évangile. <<*Dans quelque ville ou village que vous entriez, informez-vous s'il s'y trouve quelque homme digne de vous recevoir; et demeurez chez lui jusqu'à ce que vous partiez. En entrant dans la maison, saluez-la; et, si la maison en est digne, que votre paix vienne sur elle; mais si elle n'en est pas digne, que votre paix retourne à vous. Lorsqu'on ne vous recevra pas et qu'on n'écoutera pas vos paroles, sortez de cette maison ou de cette ville et secouez la poussière de vos pieds*>>[11]. Le Seigneur indique d'emblée la maison comme endroit en rapport avec l'évangélisation. Il enverra encore soixante-dix autres disciples. Il priait pour ses disciples et était avec eux comme le serviteur doux et humble de cœur. Jésus allait régulièrement dans des maisons où les foules le suivaient pour l'écouter. Un jour à cause de la foule devant la porte d'une maison où il enseignait, pour l'atteindre, des gens passèrent par le toit de celle-ci pour lui présenter un paralytique afin qu'il le guérisse. Il vit la foi de ces gens et guérit le paralytique[12].

Un autre jour Il vit Zachée qui le regardait du haut d'un arbre, et Il lui dit: hâte-toi de descendre car il faut que je demeure aujourd'hui dans ta maison. Zachée se hâta de descendre et le reçut avec joie. Mais des gens disait: <<*Il est allé loger chez un homme pécheur*>>. Face aux murmures, Zachée se repentit devant Jésus en disant qu'il donne aux pauvres la moitié de ses biens. S'il avait fait tort de quelque chose à

---

10 (Mat.8,20) Jésus s'identifie comme **Fils de l'homme** plus de **81 fois** dans les quatre évangiles (Matthieu, Marc, Luc, Jean).

11 (Mat. 10,11-14)

12 **(Mc.2,1-5; Lc.5,16-20)**

quelqu'un, il rendait le quadruple. Jésus dit: <<*Le salut est entré aujourd'hui dans cette maison, parce que celui-ci est aussi un fils d'Abraham. Car le Fils de l'homme est venu chercher et sauver ce qui était perdu*>>[13].

En entrant dans des maisons, le Seigneur se mettait parfois à table et mangeait même avec des pécheurs. <<*Comme Jésus était à table dans la maison de Lévi, beaucoup de publicains et de gens de mauvaise vie se mirent aussi à table avec lui et avec ses disciples ; car ils étaient nombreux, et l'avaient suivi*>>[14]. Il dit qu'il n'était pas venu appeler des justes, mais des pécheurs. Jésus parlait à la foule en paraboles et expliquait à ses disciples le sens des paraboles[15].

Jésus insistait pour que son enseignement soit mis en pratique. <<*C'est pourquoi, quiconque entend ces paroles que je dis et les met en pratique, sera semblable à un homme prudent qui a bâti sa maison sur le roc*>>[16]. En plus de la repentance, il prêchait le pardon des péchés, le salut et la vie éternelle. Il annonçait la bonne nouvelle du royaume et de la Parole de Dieu. Il accomplissait de nombreux miracles, guérissait les malades, ressuscitait des morts et pardonnait les péchés. Des foules le suivaient et il les enseignait hors du temple. Il arrivait qu'il les enseigne dans des lieux déserts où il multipliait des pains et des poissons et les nourrissait. Jésus insistait sur la nouvelle naissance pour entrer dans le royaume de Dieu. Il déclara à Nicodème: <<*en vérité, en vérité, si un homme ne naît d'eau et de l'Esprit de Dieu, il ne peut entrer dans le royaume de Dieu*>>[17]. Il ajouta: <<*Si vous ne croyez pas quand je vous ai parlé des choses terrestres, comment croirez-vous quand je vous*

---

13 (Mat.9,10;26,6;11,19;**Mc.2,1-5;2,15**;Lc.7,36;Ac.10,38;Lc.9,5-10)

14 (Mc.2,16-17)

15 (**Mat.13,1-58; Mat.25,1-30; Mc.4,1-34. Lc.11,33-36; 12,16-21; 13,6-9; 13,18-21; 14,15-24; Lc.15,3-10; Lc.18,1-14; Lc.19,11-27; Lc.20,9-18...**)

16 (Mat.7,24)

17 **Naître**: venir à la vie, à l'existence. **Naître de nouveau** = venir à la nouvelle vie (de Dieu) par l'eau (la Parole de Dieu) et par l'Esprit (le Saint-Esprit de Dieu).

parlerai des choses célestes[18]*? Personne n'est monté au ciel, si ce n'est celui qui est descendu du ciel, le Fils de l'homme qui est dans le ciel. Et comme Moïse éleva le serpent dans le désert, il faut de même que le Fils de l'homme soit élevé, afin que quiconque croit en lui ait la vie éternelle. Car Dieu a tant*[19] *aimé le monde qu'il a donné son Fils unique, afin que quiconque croit en lui ne périsse point, mais qu'il ait la vie éternelle*>>. En principe Dieu n'a pas envoyé son Fils juger le monde, mais pour le sauver par son grand **AMOUR**. Celui qui croit n'est point jugé; mais celui qui ne croit pas est déjà jugé, parce qu'il n'a pas cru au Fils de Dieu.

Une femme l'honora un jour dans une maison. <<*Comme Jésus était à Béthanie, dans la maison de Simon le lépreux, une femme s'approcha de lui, tenant un vase d'albâtre, qui renfermait un parfum de grand prix ; et, pendant qu'il était à table, elle répandit le parfum sur sa tête*>>[20]. Les disciples indignés, Jésus au contraire eut pour elle de la compassion.

Avant d'aller souffrir sur la croix, Jésus désirait manger la Pâque avec ses disciples. Il envoie deux préparer le repas: <<*vous rencontrerez un homme portant une cruche d'eau; suivez-le dans la maison où il entrera, et vous direz au maître de la maison: le maître te dit*[21]*: où est le lieu où je mangerai la Pâque avec mes disciples? Et il vous montrera une grande chambre haute, meublée: c'est là que vous préparerez la Pâque*>>. Peu après, <<*pendant qu'ils mangeaient*[22]*, Jésus prit du pain; et, après avoir rendu grâces, il le rompit, et le donna aux disciples, en*

---

[18] (Jn.3,1-16) **Choses célestes**: Les choses du ciel révélées par le Saint-Esprit.

[19] **Tant**: adverbe. indique une grande quantité, beaucoup, grand, énorme, forte intensité, etc. **Aimé**: verbe. avoir une tendresse, affection, préférence; un attachement vif, etc.

[20] (**Mat.26,6-10**)

[21] (**Lc.22,15**;Lc.22,10-12) **Maître**: responsable, autorité, chef, supérieur. Celui qui enseigne. **Maison**: bâtiment visible où habiter, vivre; foyer. Le ***maître de maison*** prête une chambre à son maître: Jésus, le serviteur qui lave les pieds de ses disciples (**Jn.1,13-17**).

[22] **Ils:** pronom, 3e personne, pluriel. Eux, ceux qui étaient là. **Mangeaient**: verbe. Se nourrir, consommer des aliments. Ils mangent dans une maison et non au temple.

disant: prenez, mangez, ceci est mon corps. Il prit ensuite une coupe; et, après avoir rendu grâces, il la leur donna, en disant: buvez-en tous; car ceci est mon sang, le sang de l'alliance[23]*, qui est répandu pour plusieurs, pour la rémission des péchés*>>. Jésus dit qu'il ne boirait plus du fruit de la **VIGNE**, jusqu'au jour où il en boira du nouveau dans le royaume de Dieu[24]. Il avait réconforté les siens en disant qu'il allait leur préparer une place dans la maison de son Père. <<*Que votre cœur ne se trouble point. Croyez en Dieu, et croyez en moi. Il y a plusieurs demeures dans la maison de mon Père*[25]*. Si cela n'était pas, je vous l'aurais dit. Je vais vous préparer une place. Et, lorsque je m'en serai allé, et que je vous aurai préparé une place, je reviendrai, et je vous prendrai avec moi, afin que là où je suis vous y soyez aussi*>>. Jésus avait ensuite chanté des **PSAUMES** avec ses disciples dans cette maison. Après le dernier repas avec ses disciples Jésus allait mourir sur la croix pour sauver les pécheurs. <<*Jésus poussa de nouveau un grand cri et rendit l'esprit. Et voici, le voile du temple se déchira en deux, depuis le haut jusqu'en bas, la terre trembla, les rochers se fendirent, les sépulcres s'ouvrirent, et plusieurs corps des saints qui étaient morts ressuscitèrent. Sortis des sépulcres, après la résurrection de Jésus, ils entrèrent dans la ville sainte*>>[26].

La souffrance et la mort de Jésus à la croix avaient un sens annoncé par les prophètes. <<*Méprisé et abandonné des hommes, Homme de douleur et habitué à la souffrance, semblable à celui dont on détourne le visage, nous l'avons dédaigné, nous n'avons fait de lui aucun cas.*

---

[23] (**Mat.26,26-28; Mc.14,25**) **Le sang** : liquide impulsé du cœur aux veines et artères. Irrigue (apport d'éléments nutritifs et d'oxygène) le corps et le débarrasse des déchets. Il fait vivre le corps. **De:** qui appartient à. **L'alliance**: union, lien entre deux parties. Jésus scelle la nouvelle alliance en offrant le vin en guise de son sang dans une maison. (Hé.8,8-13).

[24] (**Mc.14,25**)

[25] (**Mat.26,30**; Jn.14,1-3) **Mon**: Ce ou celui qui m'appartient. **Père**: Le géniteur, celui qui donne la vie, crée ou procrée. Dieu le Père. Jésus n'est pas créé (J.8,58;**Jn.14,11**).

[26] (Mat.27,50-53; Mc.15,38-39)

Cependant, ce sont nos souffrances qu'il a portées, C'est de nos douleurs qu'il s'est chargé ; et nous l'avons considéré comme puni, frappé de Dieu, et humilié. Mais il était blessé pour nos péchés, brisé pour nos iniquités; le châtiment qui nous donne la paix est tombé sur lui, et c'est par ses meurtrissures que nous sommes guéris>> (Esa.53,2-5). Jésus était mort pour sanctifier et sauver les siens.

Jésus, <<*afin de sanctifier le peuple par son propre sang, a souffert*>> hors de la porte. Le sang de Jésus avait coulé, et ses disciples qui croyaient en lui étaient sanctifiés. Pendant qu'il rendait le salut possible par son sacrifice à la croix, Jésus était également élevé à la perfection. <<*Il convenait, en effet, que celui pour qui et par qui sont toutes choses, et qui voulait conduire à la gloire beaucoup de fils, élevât à la perfection par les souffrances le Prince de leur salut*>>[27]. Tous les pécheurs qui croyaient en Jésus pouvaient, par la foi, recevoir la sanctification par son sang. Car sans effusion de sang le pardon n'était pas possible. Jésus lui-même avait aussi dit: <<*En vérité, en vérité, je vous le dis, si le grain de blé qui est tombé en terre ne meurt, il reste seul ; mais, s'il meurt, il porte beaucoup de fruit*>>[28]. Comme celle d'un grain de blé, la mort de Jésus devait produire du fruit. A sa résurrection le troisième jour[29], une condition pour bâtir son église était remplie: la sanctification du peuple. Marie-Madeleine et l'autre Marie, furent les premières à le (re)voir et à l'adorer. Il leur dit d'être sans crainte et d'aller prévenir ses disciples de se rendre en Galilée pour le (re)voir. Il était rendu vivant selon l'Esprit[30]. Il apparut ensuite aux apôtres dans une maison, et à environ 500 personnes, prouvant que le salut la résurrection et la vie éternelle sont en lui. Le Seigneur Jésus-Christ ne repartira pas au

---

[27] (Hé.2,10)

[28] (Jn.12,24; 2Cor.5,19)

[29] (Mat.16,21;17,23;20,19;Lc.24,46;Jn.20,17;Apo.1,12-16;1Cor.15,3-7;Jn.20,19-31;Act.4,12)

[30] (1Pi.3,18-20)

temple avec son corps glorifié. Avant la croix il avait constaté que la maison de son Père devenait une maison de trafic.

La maison de trafic

Rappelons qu'au moment de commencer son ministère, après qu'il eut jeûné quarante jours, Jésus fut tenté par le diable en haut du temple[31]. Malgré cela il enseignait le peuple dans le temple qu'il considérait avec zèle comme la maison de son Père[32]. Il est écrit: <<*La foule, qui écoutait, fut frappée de l'enseignement*[33] *de Jésus*>>[34]. Il enseignait aussi dans la synagogue où il était le seul à dire: <<*L'Esprit du Seigneur est sur moi, parce qu'il m'a oint pour annoncer une bonne nouvelle*[35]*...* >>[36].

En termes de miséricorde, d'amour, de compassion, de grâce et salut, le Seigneur Jésus s'était dit plus grand que le temple. <<*Or, je vous le dis, il y a ici quelque chose de plus grand que le temple*[37]>>. C'est parce qu'il aimait tous les Hommes qui venaient au temple. Il était prêt à faire miséricorde à tous. Il manifestait le fruit[38] de la **JUSTICE**. Bien que cela

---

[31] **Voir annexes: 1. Le temple de Salomon; 2. Le second temple au temps de Jésus.**

[32] (**Lc.20,1; Jn.6,45**)

[33] **L'enseignement**: nom. L'instruction, la transmission des savoirs, des doctrines et des vérités à des disciples choisis. Le fait d'exposer ou communiquer une connaissance, une science ou une sagesse. L'activité de celui qui dit des paroles, informe et explique le sens. Il donne des leçons et révélations des mystères, des paraboles et énigmes. L'enseignement apporte la lumière dans les vies, les pensées et les coeurs pour changer la connaissance, l'attitude et le comportement. Il fait naître le bon sens, le jugement, le discernement, la réflexion et l'intelligence des disciples. Il montre le chemin de l'apprentissage, l'acquisition et la compréhension des choses. Il consiste à poser des questions, vérifier, dialoguer, corriger, guider, prescrire, montrer l'exemple, former et transformer. L'enseignement est l'acte d'éduquer, de faire advenir ou conduire à une autre mentalité ou un autre état d'esprit. C'est l'action d'élever et nourrir l'esprit des lois, des valeurs, des principes, etc. Le Seigneur Jésus-Christ enseignait avec autorité. (**Mat.7,28-29;11,1;Mc. 1,21-27;4,2;12,35-40;6,2;10,1;Lc.19,48;Jn.8,2;8,20;9,31;11,17;18,20**...)

[34] (**Mat.22,33**)

[35] **Bonne**: Qui est bien, bon, agréable, parfait. **Nouvelle**: message, information, parole.

[36] (Lc.4,18; Esa.61,1-3)

[37] (Mat.12,6) **Quelque chose**: une réalité; un objet. Jésus compare son corps à une chose: un temple (Hé.10,5). **De plus grand**: qui a plus d'importance, plus de puissance, plus d'honneur... **Que**: conjonction. Comparaison. **Temple**: maison, édifice construit pour Dieu.

[38] (**Jc.3,18**)

il était préoccupé par la situation du temple. Il constate que le temple est profondément paganisé[39] notamment par le trafic et les voleurs.

Avant la Pâque juive le Seigneur Jésus chassa tous ceux qui vendaient et achetaient dans le temple. Il est écrit: <<*Il trouva dans le temple les vendeurs de bœufs, de brebis et de pigeons, et les changeurs assis. Ayant fait un fouet avec des cordes, il les chassa tous du temple, ainsi que les brebis et les bœufs; il dispersa la monnaie des changeurs, et renversa les tables; et il dit aux vendeurs de pigeons: ôtez cela d'ici, ne faites pas de la maison de mon Père une maison de trafic*[40]>>. Le "nettoyage" que Jésus effectue révèle son zèle ardent pour ce temple.

A la question des Juifs de savoir quel miracle il montre pour agir de la sorte, il donne une révélation sur le temple. <<*Détruisez ce temple, et en trois jours je le relèverai*[41]*. Les Juifs dirent: Il a fallu quarante-six ans pour bâtir ce temple, et toi, en trois jours tu le relèveras! Mais il parlait du temple de son corps*>>. Jésus se révèle être **LE TEMPLE**. Les Juifs ont du mal à comprendre. Leur mentalité est structurée par les traditions et voilée par la lecture de l'ancien testament[42]. Les disciples comprendront et croiront à l'Ecriture et à sa parole dès sa résurrection[43].

Jésus avait aussi dit à une femme que l'adoration ne se déroulerait plus comme auparavant: <<*crois-moi, l'heure vient où ce ne sera ni*[44] *sur cette montagne ni à Jérusalem que vous adorerez le Père. (...) Mais*

---

[39] **Paganiser**: verbe. Rendre païen, incrédule, hypocrite, impie, ne connait pas Dieu ni sa loi, etc. (Mat.5,47;6,7;Ro.2,4; Eph.4,17). Païen: nom. idolâtre, polythéistes (grecs et latins). Esprit mondain refusant sanctification et crainte de Dieu.

[40] (**Jn.2,14-16**) **Trafic**: Commerce illégal, frauduleux, clandestin. Falsification. Activité mystérieuse, détournement, compliqué. Circulations.

[41] (**Jn.2,19-22**) **Détruisez**: verbe. Supprimer, anéantir, abolir. Impératif, ordre ou conditionnel: si vous détruisez...

[42] (**Esa.6,9-10;Gal.1,14-16;2Cor.3,13-16**)

[43] (Ps.16,10;Ac.13,26-37)

[44] (**Jn.4, 21-24**) **Ni, ni...** = conjonction, coordination; négation; non pas. **Jérusalem:** ville juive appelée ville sainte, fortifiée (Esa.52,1;Eze.21,20). à Jérusalem=au temple de Jérusalem où on adorait (**Ac.8,27-28**).

l'heure vient, et elle est déjà venue, où les vrais[45] *adorateurs adoreront le Père en esprit et en vérité*>>. Il explique que l'adoration ne se fera plus aux mêmes lieux: la montagne et Jérusalem (au temple[46]); ni de la même manière: sans connaissance. Un autre texte souligne que Jésus dit qu'ils font de la maison de son Père une caverne de voleurs.

La caverne de voleurs

A Jérusalem, Jésus dit aux commerçants du temple: <<*il est écrit: ma maison sera appelée une maison de prière. Mais vous, vous en faites une caverne de voleurs*>>[47]. Le Seigneur censurait aussi les conducteurs du temple qui en faisaient un haut lieu de faux enseignements. Il disait qu'ils étaient des *aveugles*, *insensés*, *sépulcres blanchis*, *hypocrites*, *serpents*, une *race de vipères*. Le Seigneur Jésus disait qu'ils fermaient aux hommes le royaume des cieux. <<*Malheur à vous, scribes et pharisiens hypocrites! parce que vous fermez aux hommes le royaume des cieux; vous n'y entrez*[48] *pas vous-mêmes, et vous n'y laissez pas entrer ceux qui veulent entrer*>>. D'autres enlevaient la clé de la science. <<*Malheur à vous, docteurs de la loi! parce que vous avez enlevé la clef de la science*[49]*; vous n'êtes pas entrés vous-mêmes, et vous avez empêché d'entrer ceux qui le*

---

[45] **Vrais**: adjectif. Conforme à la vérité. réel, juste, droit, sincère, authentique. Apparence conforme au fond. **Adorateurs**: nom. Ceux qui se prosternent devant Dieu, lui rendent un culte, l'adorent, le vénèrent, le craignent, le louent, l'honorent, le célèbrent, le glorifient, l'exaltent, le magnifient, communient avec lui, l'aiment, lui offrent des présents et leur être entier. (**Apo.7,11-12**). ***Vrais adorateurs:*** nom, ceux qui adorent comme Dieu veut: avec connaissance, en Esprit et en Vérité. Ils diffèrent de **faux adorateurs** qui adorent sans connaissance, sans l'Esprit de Dieu et sans Vérité (Mc.7,6-9;2Cor.11,13-15).

[46] (Zac.14,16-21;Ac.8,27;**Ac.24,11-12**) On venait de loin adorer à Jérusalem dans le temple.

[47] (**Mat.21,13**) Caverne: cavité, espace, maison des hommes préhistoriques dans une zone de pierres ou de roches. Voleurs: qui dérobe, s'approprie ce qui est à autrui (**Jn.10,10**).

[48] (Mat.23,1-39;Mat.23,13) **Entrer:** verbe. Aller à l'intérieur, dedans, au fond.

[49] (Lc.11,52) **Clef ou clé:** objet servant à fermer ou ouvrir une serrure sur une porte ou autre. Objet de la réflexion qui permet l'accès à une énigme, un savoir caché, un problème. **De:** qui appartient à. **Science:** savoir, ensemble de connaissances, d'idées, de lois; une discipline... Jésus parle de la science de Dieu *parfaite* (**Jb.37,16**), *merveilleuse* (**Ps.139,6**), qui a ouvert les abîmes, distillé la rosée (**Pro.3,20;Mal.2,7**;**Pro.1,7**).

voulaient>>. Ces conducteurs faisaient des *prosélytes*[50] et des disciples. Le paganisme était ancré dans le temple. Jésus dit qu'ils iront dans le feu de la *géhenne*[51] au jour du jugement[52].

En sortant du temple, ses disciples s'approchèrent de lui. Ils étaient très impressionnés par les constructions du temples. Ils en firent une remarque à Jésus qui répondit par une parole prophétique: <<*voyez-vous tout cela*[53]*? Je vous le dis en vérité, il ne restera pas ici pierre sur pierre qui ne soit renversée*>>. Le Seigneur venait de donner un enseignement prophétique sur la destruction du temple. Sa volonté était qu'il n'y ait plus de temple à Jérusalem qui avait été <<*la ville sainte*[54]>>. Le temple qui impressionnait les disciples par ses constructions était devenu un lieu de trafic, une caverne de voleurs. D'où sa prophétie est une parole qui décrète que le temple sera aboli. A sa résurrection il n'y reviendra pas. L'argent de la livraison de Jésus aux pécheurs; le salaire du crime, le prix du sang y reviendra. Il est écrit: <<*Judas jeta les pièces d'argent dans le temple, se retira, et alla se pendre*[55]>>; n'ayant ni la foi, ni l'Esprit de Dieu: le diable était entré en lui[56].

Les disciples lui avaient demandé à quel moment le temple allait être détruit et quel serait le signe de son avènement et de la fin du monde. Jésus prédit des signes: séduction, faux christs, guerres, famine, tremblements de terre, tourments, haine, traîtrise, faux prophètes, iniquité, apostasie, charité refroidie. Jésus dit de persévérer jusqu'à la

---

50 **Prosélyte:** nom, converti à une religion, engagée à une cause ou doctrine qu'elle défend.

51 **Géhenne:** étang de *feu qui ne s'éteint point* (**Mc.9,44;Apo.20,10;Apo.20,15**).

52 (Mat.23,15;33;Hé.10,26-27;2Pi.2,1-22)

53 (**Mat.24,1-14**) **Tout cela** = l'ensemble du temple (1Rs.6,1-38) détruit plus tard (accomplissement de la prophétie du Christ). Il n'a jamais été reconstruit jusqu'à nos jours.

54 (Néh.11,1;Esa.52,1;Mat.4,5)

55 Jeter: verbe. Lancer, se débarrasser, mettre aux ordures, repousser violemment. **Dans**: à l'intérieur, au-dedans, au milieu. Se pendre: verbe, se tuer, se donner la mort, se suicider. Juda lança l'argent dans le temple avant d'aller se donner la mort.

56 (Mat.26,21-25;27,5; Ac.1,18;Tit.1,13-16)

fin pour être sauvé. Il ajoute que la bonne nouvelle du royaume sera prêchée au monde entier pour servir de témoignage alors viendra la fin. Après avoir annoncé la destruction du temple Jésus alla s'asseoir sur la montagne des oliviers. C'est à cet endroit qu'il sera arrêté un soir pour être jugé puis crucifié. Jésus annonçait la destruction du temple comme il allait en finir avec son corps mortel à la croix. A sa mort sur la croix, dès que le voile fut déchiré dans le temple: il devint inutile. Il sera détruit comme Jésus l'avait prophétisé et ne sera pas reconstruit jusqu'à aujourd'hui[57]. Or le Seigneur Jésus-Christ ressuscita des morts avec son corps glorifié: le temple[58]. Et la résurrection du Seigneur Jésus fut l'objet d'une grande **JOIE** de la part de ses disciples[59]. Maintenant les croyants avaient accès directement par Jésus au trône de Dieu[60]. Le temple visible devenait caduque. Car le vrai temple spirituel s'était manifesté. *<<Christ entrant dans le monde dit: tu n'as voulu ni sacrifice ni offrande, mais tu m'as formé un corps; tu n'as agréé ni holocaustes ni sacrifices pour le péché. Alors j'ai dit: voici, je viens, dans le rouleau du livre il est question de moi, pour faire ô Dieu ta volonté. (...) Il abolit ainsi la première chose pour établir la seconde>>*[61]. Jésus était venu accomplir la loi et les prophètes. Le temple n'avait pas veillé sur sa fonction de lieu de gloire et de sainteté. Il s'était paganisé. Jésus avait fait la promesse de bâtir son église.

---

[57] **Aujourd'hui**: adverbe. Au jour où on est, présentement, ce jour-ci; au moment où nous vivons. Les 24 heures que nous vivons là maintenant. Actuellement et en ce moment, le moment présent. L'époque contemporaine; notre époque. **1Pi.3,8**: pour le Seigneur, 1 jour = 1000 ans. Implicitement, par rapport à 2019 où on est, Jésus-Christ a donné son enseignement et fait son œuvre il y a seulement 2 jours; c'est-à-dire avant hier seulement.

[58] **(Jn.2,19-22)**

[59] (Jn.21,7;20,28-29)

[60] **(Hé.10,19-23)**

[61] (Hé.10,6-9;Ro.8,3-5;7,5-7;2Cor.5,16-17)

La promesse de Jésus: bâtir son église

Pendant son ministère et avant la croix, Jésus alla sur le territoire de Césarée de Philippe. Il demanda à ses disciples: <<*qui dit-on que je suis, moi, le Fils de l'homme?*>>[62]. Il voulait savoir quelle identité on lui attribuait. Ils répondirent: Jean-Baptiste; les autres, Elie; les autres, Jérémie, ou l'un des prophètes. Et vous, leur dit-il, qui dites-vous que je suis? Simon Pierre répondit: <<*tu es le Christ, le Fils du Dieu Vivant*>>. Jésus, reprenant la parole, lui dit: tu es heureux, Simon, fils de Jonas; car ce ne sont pas la chair et le sang qui t'ont révélé cela, mais c'est mon Père qui est dans les cieux. C'est à ce moment qu'il fit la promesse de bâtir son Eglise. <<*Et moi, je te dis que tu es Pierre, et que sur cette pierre je bâtirai*[63] *mon*[64] *église*[65], *et que les portes du séjour des morts ne prévaudront point contre elle. Je te donnerai les clefs du royaume des cieux (...)*>>[66]. *Le Fils de l'homme*, ne cherche pas à bâtir un temple à Dieu son Père. Il est le temple. Et il affirme qu'il bâtira son église. Comment cela peut-il être possible? Jésus s'appuie sur la parole révélée de Dieu pour promettre de bâtir son église. Pierre a dit de la part de Dieu que Jésus est le Christ le Fils du Dieu Vivant. Jésus approuve cette parole et formule un projet de **PAIX**. <<*Car je connais les projets que j'ai formés sur vous, dit l'Eternel, projets de paix et non de malheur, afin de vous donner un avenir et de l'espérance*>>[67]. Le projet de Jésus est: se

---

[62] (Mat.16,13)

[63] **Bâtir**: construire, édifier, un bâtiment, maison. **Pierre**: nom. **Pierre**: révélation, connaissance. Dieu révèle à Pierre. Jésus dit qu'il construira son église sur cette révélation. Rien n'empêchera cette construction.

[64] **Mon:** Pronom. Ma propriété. Jésus dit je bâtirai <<***mon église***>>. Le temple n'est pas **son ouvrage**; il ne pas dit: "**mon temple**". Il a dit: <<*Il est écrit: maison maison...*>> (Mat. 21,13). Bien que zelé, Jésus révèle **la vraie maison du Père** qui est invisible (**Jn.14,1-3**).

[65] **ekklesia:** grec, du verbe ek kaleô = appeler hors. ekklesia = appeler hors du monde pour vivre dans le royaume de Dieu et s'occuper des affaires de ce royaume. Les disciples sanctifiés sont appelés à s'assembler au nom du Seigneur hors du monde pour rendre un culte en Esprit à Dieu continuellement au quotidien même au travail (**Eph.2,10**).

[66] (Mat.16,18-19)

[67] (Jér.29,11)

former d'autres fils du Dieu Vivant[68] comme lui. Ensuite Jésus promet d'envoyer son Esprit aux disciples pour être témoins et faire des disciples. <<*Mais vous recevrez une puissance*[69]*, le Saint-Esprit survenant sur vous, et vous serez mes témoins à Jérusalem, dans toute la Judée, dans la Samarie, et jusqu'aux extrémités de la terre*[70]>>.

II - LE DON DU SAINT-ESPRIT ET L'EDIFICATION DE L'EGLISE

Ayant accompli la loi et les prophètes sur la terre, le Seigneur Jésus-Christ est entré dans le ciel où il s'est assis à la droite de Dieu. Le Saint-Esprit, l'autre Consolateur, a dès lors pu être envoyé aux disciples. La deuxième partie prouve le lien entre le don du Saint-Esprit et l'édification de l'église. Elle aborde quatre points: le Saint-Esprit rempli les disciples dans des maisons[71]. L'ordre de Jésus à Paul. Les assemblées d'églises dans des maisons. L'église le corps de Christ le Sauveur glorifié.

Le Saint-Esprit rempli les disciples dans des maisons

<<*Cantique des degrés. De David. Voici, oh! qu'il est agréable, qu'il est doux pour des frères de demeurer ensemble*[72]*! C'est comme l'huile précieuse qui, répandue sur la tête, descend sur la barbe, sur la barbe d'Aaron, qui descend sur le bord de ses vêtements. C'est comme la*

---

[68] (Esa.9,5)

[69] **Une puissance**: une force, énergie dynamique, puissance de feu, un pouvoir, une autorité. **Le Saint-Esprit**: la puissance que les disciples vont recevoir. (**Jn. 14,26;15,26;16,7;16,13**). **Recevrez**: verbe. Accepter, admettre chez soi, accueillir, laisser entrer chez soi. Jésus promet une puissance appelée Saint-Esprit ou Consolateur.

[70] (Jn.14,26;15,26;Ac.1,8)

[71] (Eph.1,22-23;2,10)

[72] **Demeurer**: verbe. Habiter, vivre, rester. **Ensemble**: avec d'autres, unis, réunis, en groupe.

rosée de l'Hermon, qui descend sur les montagnes de Sion. Car c'est là que l'Eternel envoie la bénédiction, la vie, pour l'éternité>>[73].

Au temps de Jésus[74], les sacrificateurs n'étaient plus oints comme Aaron. Sinon ils auraient tous reconnu le Messie[75] et ne l'auraient pas condamné dans le Sanhédrin.

Au moment où Jésus fut baptisé par Jean-Baptiste, l'Esprit-Saint vint du ciel telle une colombe et se posa sur lui. Et une voix dit :<<*celui-ci est* **MON FILS BIEN-AIME**, *en qui j'ai mis toute mon affection*>>[76]. Plus tard, Jésus dira que l'Esprit du Seigneur est sur lui car il l'avait oint[77].

Après sa résurrection le Seigneur Jésus apparait aux disciples dans une maison où il leur donnait déjà son Saint-Esprit: <<*Après ces paroles, il souffla sur*[78] *eux, et leur dit: recevez le Saint-Esprit*>>. Le Saint-Esprit, l'autorité, était avec eux.

A la Pentecôte, les disciples n'étaient ni au temple ni à la synagogue. Ils étaient dans une maison ordinaire dont la fonction première est d'être un lieu d'habitation et de vie quotidienne tel un nid d'oiseau[79]. C'est là que Dieu envoie l'Esprit sur les disciples assemblés: <<*Tout à coup il vint du ciel un bruit comme celui d'un vent impétueux, et il remplit toute la maison où ils étaient assis. Des langues, semblables à des langues de feu, leur apparurent, séparées les unes des autres, et se posèrent sur chacun d'eux. Et ils furent tous remplis*[80] *du Saint-Esprit, et se mirent à parler en d'autres langues*>>. Le Saint-Esprit, la Puissance dynamique,

---

[73] (Ps.133; Exo.28,41; 1Sa.16,1-13)
[74] (Lc.1,15;1,67)
[75] (Mat.26,59-66;Esa.53,7)
[76] (Mat.3,17)
[77] (Jn.16,7;16,13)
[78] **(Jn.14,17;Jn.20,21-23) Sur**: dessus, par-dessus, posé au-dessus. Le Saint-Esprit sur eux, avec eux; pas encore rempli au-dedans d'eux.
[79] (Ps.84,4-5;Ac.1,13)
[80] **(Ac.2,2-4) Remplir**: mettre une chose en quantité maximale dans un contenant. Rendre le contenant plein, occuper tout l'espace vide. **Le Saint-Esprit**: la puissance promise est venue et occupe tout l'espace de la maison qui était vide. Le Saint-Esprit les rempli à l'intérieur, en eux. Il déborde par des paroles en d'autres langues. Le Saint-Esprit est en eux comme une personne dans une maison. Leur corps est la maison du Saint-Esprit.

était en eux. Ils étaient maintenant prêts pour annoncer l'évangile et poser les fondations de l'église. Ils étaient environ 120 personnes dans la chambre haute où il se tenaient d'ordinaire[81].

Après la Pentecôte, un ange du Seigneur avait dit aux apôtres d'aller se tenir dans le temple et d'annoncer au peuple toutes les paroles de cette vie[82]. Ils l'avaient fait, mais le Saint-Esprit n'était venu sur personne au temple. Il n'y avait eu aucun signe évident de sa venue au temple. Au contraire, il était venu dans la maison de Corneille sur tous ceux qui écoutaient la Parole: <<*Comme Pierre prononçait encore ces mots, le Saint-Esprit descendit sur tous ceux qui écoutaient la parole*>>[83]. Comme Christ venu sur terre hors de l'hôtellerie, dans une crèche, le Saint-Esprit vint sur des païens qui avaient cru à la bonne nouvelle dans des maisons d'habitation et de vie, hors du temple.

Après le don du Saint-Esprit une grande persécution s'abat sur les disciples[84]. Nous y reviendrons. Toutefois pendant celle-ci et après la conversion de Paul, le Seigneur lui demande de sortir de Jérusalem.

L'ordre de Jésus à Paul: sortir de Jérusalem

Quelques temps après s'être converti sur le chemin de Damas[85], Paul allait toujours au temple. Tandis qu'il priait, il voit le Seigneur. Dans sa **BIENVEILLANCE**, le Seigneur lui ordonne de sortir. <<*je vis le Seigneur qui me disait: Hâte-toi, et sors promptement*[86] *de Jérusalem, parce qu'ils*

---

[81] (**Ac.1,15;Jn.20,19-28**) Autorité d'annoncer (Ac.2,14-39;10,42;13,46-47;17,30-31); commander (5,1-11;1Cor.7,10;14,37;2The.3,4-12). Les apôtres attendaient la Puissance: le Saint-Esprit (Lc.24,46-49;Ac.1,4-8).

[82] (**Ac.5,19-20**)

[83] (Ac.10,44)

[84] (**Ac.8,1**)

[85] (Ac.9,1-11)

[86] (Ac.22,17-18) **Se hâter**: verbe. S'empresser, se précipiter, se dépêcher, faire vite. **Promptement**: subitement, rapidement. **Sortir**: verbe. aller à l'extérieur, aller hors de. **Et**: conjonction, lie des mots ou expressions, renforce le sens. Relie se hâter et sortir.

ne recevront pas ton témoignage sur moi>>[87]. Contrairement à Esaïe[88] ou aux disciples dans les évangiles[89] et les Actes[90] où le Seigneur envoie annoncer l'évangile sans urgence; les mots de ce contexte sont impératifs: *hâte-toi, et sort promptement.* Ils indiquent une urgence. Paul devait fuir à cause du danger. Jérusalem et son temple étaient fermés au témoignage de Jésus, et Paul risquait sa vie[91]; il devait vite aller loin annoncer l'Evangile.

Jésus avait dit à la Samaritaine que ce ne sera ni sur la montagne ni à Jérusalem que se fera l'adoration. Maintenant il interrompait la prière de Paul et lui disait de sortir. Pourquoi? Quelques rappels. A l'arrestation de Jésus au Jardin de Gethsémané, il dit: <<*Vous êtes venus, comme après un brigand, avec des épées et des bâtons, pour vous emparer de moi. J'étais tous les jours assis parmi vous, enseignant dans le temple, et vous ne m'avez pas saisi*>>[92]. Sachant que l'arrestation était ordonnée par les sacrificateurs, il s'étonnait de n'avoir pas été interpelé lorsqu'il était assis parmi eux au temple et enseignait.

Jésus comparaissait ensuite devant le Souverain sacrificateur Caïphe, les principaux sacrificateurs et tout le sanhédrin avec les scribes et les anciens. C'était tout le pouvoir religieux de la ville. Le lendemain matin ils voulaient le faire mourir. Après l'avoir lié, ils le livrèrent à Ponce Pilate le gouverneur. Il représentait le pouvoir politique. Ils accusaient Jésus sur des motifs du pouvoir royal et économique de César. Jésus comparaissait devant Pilate qui l'envoya à Hérode. Avant de le crucifier, le pouvoir militaire (les soldats) l'humilia, le frappa, etc. Tous les pouvoirs de la ville avec les religieux condamnèrent Jésus sans cause[93]. Ainsi ni

---

87 (Mat.10,14-15;Eze.3,7)
88 (6,8)
89 (Mat.10,5-15; Mat.28,17; Lc.10,1-2)
90 (13,2)
91 (Ac.21,31;23,15).
92 (Mat.26,55-68;Lc.23,2;Mat.27,1-26;Lc.23,6-12;Mat.27,27-31)
93 (Esa.53,3-7;Ac.21,28;Ac.26,21;2Thes.2,4;Apo.2,9;3,9).

Jérusalem ni son temple n'étaient plus saints. Jésus s'était lamenté: <<*Jérusalem, Jérusalem, qui tues les prophètes et qui lapides ceux qui te sont envoyés, combien de fois ai-je voulu rassembler tes enfants, comme une poule rassemble ses poussins sous ses ailes, et vous ne l'avez pas voulu! Voici, votre maison vous sera laissée déserte*[94]>>. Il y avait connivence des pouvoirs pour rejeter et crucifier le Christ[95].

Comme le serpent d'airain avait été transformé en idole après avoir été pourtant prescrit par le Seigneur à Moïse[96], le temple était devenu comme une idole. Il avait participé à la mort de Jésus sur la croix. Il persécutait maintenant à mort tous ceux qui se convertissaient à Jésus. Le mystère de l'iniquité agissait. Les sacrificateurs et responsables du temple avaient tous refusé de croire et niaient que Jésus était le Christ. En vérité le temple était dirigé par des sacrificateurs antéchrists: <<*le souverain sacrificateur, prenant la parole, lui dit: je t'adjure, par le Dieu vivant, de nous dire si tu es le Christ, le Fils de Dieu. Jésus lui répondit: tu l'as dit. De plus, je vous le déclare, vous verrez désormais le Fils de l'homme assis à la droite de la puissance de Dieu, et venant sur les nuées du ciel. Alors le souverain sacrificateur déchira ses vêtements, disant: il a blasphémé*[97]*! Qu'avons-nous encore besoin de témoins? Voici, vous venez d'entendre son blasphème. Que vous en semble? Ils répondirent: il mérite la mort*>>[98]. Par ces rappels on sait pourquoi Jésus ordonnait à Paul de sortir. Plus tard il aura la révélation que l'église s'édifie dans des maisons et non au temple.

---

[94] (Mat.23,37-38;Mat.23,37-39) **Déserte**: vide, non occupée, libre. (Mat.12,43-44)

[95] (Lc.23,12; Ac.4,27-28;1Cor.2,6-8)

[96] (Nbs.21,9;2Rs.18,4)

[97] Blasphémer: verbe. Dire des phrases, des paroles ou des discours qui insultent violemment Dieu au lieu de le respecter et le craindre. **Mériter**: verbe. Avoir droit à juste titre à quelque chose, à une récompense, un salaire.

[98] (2The.2,7;Mat.26,63-67;1Jn.2,8;2,22-23;4,3;Mat.27,41-43)

Les assemblées d'églises dans des maisons

Pourquoi les églises se réunissaient-elles dans des maisons? Est-ce l'effet de la persécution? Pas vraiment. Jésus avait l'habitude que des gens s'assemblent autour de lui dans des maisons. Il est naturel que l'église, son corps, reproduise cette habitude. Le Saint-Esprit, venu sur les croyants dans des maisons; inspirait les réunions au nom de Jésus dans des maisons (**Mat.18,20**). Cinq versets notent sans ambiguïté la maison comme lieu des assemblées des églises où rompre le pain, communier, prier, louer, adorer et rendre un culte en Esprit à Dieu[99]:

> 1°) **Phil.4,22**:<<*Tous les saints vous saluent, et principalement ceux de*[100] *la maison de César*>>.
> 2°) **Ro.16,5**: <<*Saluez aussi l'église qui est dans*[101] *leur maison. Saluez Epaïnète, mon bien-aimé, qui a été pour Christ les prémices de l'Asie*>>.
> 3°) **1Cor.16,19**: <<*Les églises d'Asie vous saluent. Aquilas et Priscille, avec l'église qui est dans leur maison, vous saluent beaucoup dans le Seigneur*>>.
> 4°) **Col.4,15**: <<*Saluez les frères qui sont à Laodicée, et Nymphas, et l'église qui est dans sa maison*>>.
> 5°) **Philé.1,2**: <<*à la sœur Apphia, à Archippe, notre compagnon de combat, et à l'église qui est dans ta maison*>>.

A la **LUMIERE** de ces cinq versets (et d'autres[102]) des lettres de Paul inspirées du Saint-Esprit: le lieu d'assemblée de l'église, le corps de

---

[99] (Ro.12,1-2;Phil.3,3;Hé.12,28-29;**Ac.8,3;1Pi.2,4-5;**)

[100] **De** = préposition. Indique le lieu d'appartenance. Ceux (les saints) de: appartenant (s'assemblent) à la maison de César. Mat.18,19-20; Ac.12,12. Ro.16,10-11.

[101] **Dans** = Préposition. Mot invariable; qui ne change jamais: **Dans** = **Dans.** L'intérieur, le fond, le dedans d'une chose, d'un lieu ou d'une maison. Le lieu d'assemblée de l'église est: **Dans** la maison = à l'intérieur du lieu d'habitation et de vie.

[102] (**Ac.12,12;20,7-8...**)

Christ est la maison; au sens de lieu d'habitation et de vie de chaque jour. Ce n'est ni la synagogue ni le temple qui sont un autre type de maison. Les chrétiens étaient édifiés par les apôtres et les prophètes dans des maisons, Jésus étant la pierre angulaire. L'édification de l'église était possible par l'assistance du Saint-Esprit avec ses dons distribués selon sa volonté. <<*Que faire donc, frères ? Lorsque vous vous assemblez, les uns ou les autres parmi vous ont-ils un cantique, une instruction, une révélation, une langue, une interprétation, que tout se fasse pour l'édification*>>[103]. Il est aussi écrit: <<*De même vous, puisque vous aspirez aux dons spirituels, que ce soit pour l'édification de l'église que vous cherchiez à en posséder abondamment*>>[104]. Il est encore écrit: <<*Pour vous, bien-aimés, vous édifiant vous-mêmes sur votre très sainte foi, et priant par le Saint-Esprit, maintenez-vous dans l'amour de Dieu, en attendant la miséricorde de notre Seigneur Jésus-Christ pour la vie éternelle*>>[105]. Dans la Nouvelle Alliance, notre Dieu riche en **BONTÉ** choisit, car ce n'est pas un hasard, le lieu où les gens habitent et vivent chaque jour; pour réunir les saints (le corps de Christ). L'apôtre Paul montre la relation entre le serviteur du corps de Christ et sa maison. Parlant de l'évêque, il dit: <<*Il faut qu'il dirige bien sa propre maison, et qu'il tienne ses enfants dans la soumission et dans une parfaite honnêteté; car si quelqu'un ne sait pas diriger sa propre maison, comment prendra-t-il soin de l'Eglise de Dieu?*>>[106]. Il compare la responsabilité concrète de la maison ou de la famille (le père) à la responsabilité spirituelle de l'église (l'évêque). Celui-ci doit bien diriger sa maison, sinon comment prendra-t-il soin de l'église de Dieu qui, comme sa famille, se réunira chez lui? Il doit être <<*hospitalier*[107]>>,

---

[103] (Ac.9,31; **1Cor.14,26; 1Cor.14,13; Eph.5,18-22;Col.3,16**)
[104] (**2Cor.14,12**)
[105] (**Jud.1,20-21**)
[106] (**1Tim.3,1-7**)
[107] **Hospitalier**: adjectif. Qualité de celui qui reçoit et héberge des personnes chez lui.

savoir accueillir l'assemblée de l'église ou ses membres dans sa maison[108]. Mêmes les nouveaux convertis accueillaient l'assemblée de l'église ou des membres dans sa maison. C'était le cas de Lydie[109]. Ce fut aussi le cas du geôlier[110]. La maison était le lieu d'assemblée de l'église voulu par Dieu.

L'église: le corps de Christ le Sauveur glorifié

S'édifiant dans les maisons d'habitation et de vie quotidienne, l'église était **LE CORPS DE CHRIST**[111] le sauveur glorifié. Elle formait une grande famille spirituelle dont Dieu est le Père céleste et éternel[112]. Le Seigneur la nourrissait et en prenait soin. L'apôtre dit: <<*Ainsi donc, vous n'êtes plus des étrangers, ni des gens du dehors; mais vous êtes concitoyens des saints*[113]*, gens*[114] *de la maison de Dieu*>>.
Jésus, Souverain sacrificateur dans l'ordre de Melchisédek, n'a pas honte de nous considérer comme ses amis et ses frères[115]. Aussi veut-il *souper* avec chacun en particulier pour la gloire de Dieu. Le Seigneur Jésus est dans le véritable tabernacle <<*dressé par le Seigneur et non par un homme*>>[116]. Il vient bientôt. Et il dit déjà: <<*Voici, je me tiens à la porte, et je frappe. Si quelqu'un entend ma voix et ouvre la porte, j'entrerai chez lui*[117]*, je souperai avec lui, et lui avec moi*>>. Dans les maisons, les églises étaient libérées du monde avec *ses trafics* dont le

---

108 (1Tim.3,2;Hé.13,2;Ro.15,7)
109 (**Ac.16,15**)
110 (**Ac.16,31-34**)
111 (**Eph.5,23-32**)
112 (Ro.8,15-17;Ga.4,6-7)
113 (**Eph.2,16-22**) **Concitoyen**: citoyen=statut d'un habitant (avec d'autres: les saints) d'une cité dont il jouit des droits, mais a aussi des devoirs.
114 **Gens de**: des personnes appartenant à la maison **de** Dieu (famille).
115 (Jn.15,14-22.Hé.2,10-18)
116 (Hé.8,1-2;9,11;Apo.3,20;Eph.2,19-22)
117 (Apo.3,20) **J'**: Pronom, 1e personne, singulier. Je = moi. **Entrerai**: verbe: aller à l'intérieur d'un lieu, un endroit, une maison. Pénétrer. **Chez**: préposition indiquant le lieu, la maison où vit quelqu'un. **Lui**: pronom, 3e personne. Complément d'objet ou sujet "il" = lui.

temple était l'un des marchés. Ces églises[118] étaient le peuple de Dieu[119]. Elles étaient aussi l'épouse de Christ, telle une vierge sage qui a de l'huile dans sa lampe et en réserve. Elle porte continuellement le fruit de la lumière en attendant que son époux (re)vienne[120]. Comme une fiancée elle se garde de la corruption. <<*Je vous ai fiancés à un seul époux, pour vous présenter à Christ comme une vierge pure. Toutefois, de même que le serpent séduisit Eve par sa ruse, je crains que vos pensées ne se corrompent et ne se détournent de la simplicité à l'égard de Christ*[121]>>. Si la fiancée devient amie du monde, elle risque la séduction[122] et l'esclavage du péché[123]. Dieu dit: <<*Adultères que vous êtes! ne savez-vous pas que l'amour du monde*[124] *est inimitié contre Dieu? Celui donc qui veut être ami du monde se rend ennemi de Dieu. Croyez-vous que l'Ecriture parle en vain? C'est avec jalousie que Dieu chérit l'Esprit qu'il a fait habiter en nous*>>. L'épouse de Christ est dans le monde (la cité terrestre, la société) sans appartenir au monde. Elle est attachées à son époux par la foi.

---

118 Dieu hait l'idolâtrie de son peuple (Ps.133;Ac.14,13;19,23-29;19,35). <<*Ils se dirent l'un à l'autre : allons! faisons des briques, et cuisons-les au feu. Et la brique leur servit de pierre, et le bitume leur servit de ciment. Ils dirent encore : allons! bâtissons-nous une ville et une tour dont le sommet touche au ciel, et faisons-nous un nom*>> (**Gse.11,3-4**). Le **veau d'or** (**Exo. 32,1-9**). Le **serpent d'airain** (Nbs.21,9;2Rs.18,4). **L'impudicité**, **l'orgueil**, etc. (1Cor.5,1-6). Des **divisions, sectes, l'égoïsme.** (1Cor.11,18-21; Ro.12,1-2).

119 (Hé.11,13;1Pi.2,11)

120 (**Mat.25,1-13;Eph.5,9**)

121 (2Cor.11,1-3) L'épouse du Christ (Eph.5,24-32) vit l'humilité, la douceur de l'époux par l'Esprit (Ps.133;Esa.52,11-12;Jér.51,6;2Cor.6,17-18). Aucun verset ne précise son nom.

122 (Prov.5,16;1Tim.2,14)

123 (1Cor.7,23;1Cor.10,7-10)

124 (Jc.4,4-5) **Adultère**: infidèle, qui viole l'engagement ou parole d'alliance (Mat.5,28).

III - LA COMMUNION DE JESUS-CHRIST ET L'EVANGELISATION

Jésus avait dit: <<*Je suis le vrai cep*[125]*, et mon Père est le vigneron*[126]*. Tout sarment*[127] *qui est en moi et qui ne porte pas de fruit, il le retranche; et tout sarment qui porte du fruit, il l'émonde, afin qu'il porte encore plus de fruit. Déjà vous êtes purs, à cause de la parole que je vous ai annoncée. Demeurez en moi, et je demeurerai en vous (...)*>>[128]. Et les disciples savaient, comme il est écrit, que <<*Christ a aimé l'église...* >>[129]. De ce fait annoncer l'évangile avait pour condition être attaché au Seigneur. La troisième partie aborde: l'annonce de l'évangile et la persécution. Un grand nombre de personnes converties. L'unité de l'Esprit: ni Juif ni Grec ni esclave ni libre. Et l'enseignement dans des maisons.

L'annonce de l'évangile face à la persécution

Le Seigneur Jésus avait ordonné aux disciples d'aller vers toutes les nations pour annoncer la bonne nouvelle[130]... Après la Pentecôte les disciples, qui étaient en communion avec le Seigneur, commencèrent à annoncer l'**EVANGILE**[131]. Cependant ils subissaient des persécutions, des tribulations et l'opposition à la bonne nouvelle.

Au début l'évangile se propage relativement facilement à Jérusalem. Puis, il se répand un peu plus difficilement dans la Judée, la Samarie, et jusqu'aux extrémités de la terre.

---

[125] **Cep**: (arbre, vigne) pied de vigne.
[126] **Vigneron**: nom, personne qui cultive la vigne et fait du vin.
[127] **Sarment**: latin sarmentum = rameau de vigne portant des grappes de raisin.
[128] (**Jn.15,1-27**)
[129] (**Eph.5,25-33**)
[130] (**Mat.28,19-20**)
[131] **Evangile**: bonne nouvelle, message, enseignement de Jésus-Christ, la Parole de Dieu.

Les disciples continuaient à aller au temple où ils étaient persécutés. <<*Tandis que Pierre et Jean parlaient au peuple, survinrent les sacrificateurs, le commandant du temple, et les sadducéens, mécontents de ce qu'ils enseignaient le peuple, et annonçaient en la personne de Jésus la résurrection des morts. Ils mirent les mains sur eux*[132]*, et ils les jetèrent en prison*>>[133]. La persécution avait lieu même dans la vie quotidienne[134]. Mais les disciples étaient pleins de **PATIENCE.** Ceux qui persécutaient l'église entraient dans les maisons. <<*Saul, de son côté, ravageait l'église; pénétrant dans les maisons, il en arrachait hommes et femmes, et les faisait jeter en prison*>>[135]. Les disciples savaient qu'ils étaient destinés à cela. Ils avaient été témoins oculaires des souffrances du Seigneur Jésus sur la croix, notamment Pierre, Jean et la mère de Jésus. Ils l'avaient regardé agonisant. Joseph et Nicodème, avaient mis son corps dans un sépulcre[136]. Ces évènements étaient très marquants et Pierre encourage les frères à s'armer de la pensée de souffrir comme le Maître. <<*Christ ayant souffert*[137] *dans la chair, vous aussi armez-vous de la même pensée. Car celui qui a souffert dans la chair en a fini avec le péché, afin de vivre, non plus selon les convoitises des hommes, mais selon la volonté de Dieu.*>>[138]. Paul dit aussi: <<*(...) afin que personne ne fût ébranlé au milieu des tribulations*[139] *présentes ; car vous savez vous-mêmes que nous sommes destinés à cela. Et lorsque nous étions auprès de vous, nous vous annoncions d'avance que nous serions exposés à des*

---

[132] Mécontent: qui n'est pas joyeux, irrité, fâché, en colère. Etre mécontent = Etre en colère, avoir de la fureur. Jeter en prison: priver de liberté, supprimer les droits de liberté, enfermer.

[133] (Ac.4,1-20;Mt.10,17;Lu.12,11-12;Jn.9,22;Jn.16:2)

[134] (Ac.9,2;13,45;19,24-35); Les chrétiens remplis du Saint-Esprit gênaient les cultes idolâtres. Ils étaient persécutés par les judaïsants et juifs observant la loi de Moïse. (**Ac. 15,1-35**). La persécution était visible ou insidieuse. Elle était présente comme un système.

[135] (Ac.8,3)

[136] (Jn.19,38-40)

[137] **Souffert**: verbe, avoir mal, avoir des douleurs, de la peine; des difficultés.

[138] (1Pi.4,1-2)

[139] **Tribulations**: tourments, désagréments, obstacles pénibles, souffrances.

tribulations, comme cela est arrivé, et comme vous le savez>>[140]. Les disciples n'étaient pas surpris de ce qui les arrivaient; pas plus que le Seigneur Jésus n'était surpris de sa crucifixion. Ils étaient tous lucides sur leur sort. <<*Quand ils eurent évangélisé cette ville et fait un certain nombre de disciples, ils retournèrent à Lystre, à Icone et à Antioche, fortifiant l'esprit des disciples, les exhortant à persévérer dans la foi, et disant que c'est par beaucoup de tribulations qu'il nous faut entrer dans le royaume de Dieu*>>[141]. La persécution n'arrêtait pas le témoignage de l'évangile. Au contraire elle aboutissait à la communion dans la foi aux souffrances de Christ. Par exemple Paul et Silas emprisonnés, ayant des plaies non-soignées et qui saignaient, avaient le courage de louer Dieu la nuit. <<*Après qu'on les eut chargés de coups, ils les jetèrent en prison, en recommandant au geôlier de les garder sûrement. Le geôlier, ayant reçu cet ordre, les jeta dans la prison intérieure, et leur mit les ceps aux pieds. Vers le milieu de la nuit, Paul et Silas priaient et chantaient les louanges de Dieu, et les prisonniers les entendaient…* >>[142]. Plus ils étaient persécutés, plus ils s'attachaient au Seigneur dans la prière, la louange et l'adoration. Ils avaient davantage d'assurance pour annoncer l'évangile. Paul écrivait la plupart de ses lettres en prison. A l'extérieur les disciples recevaient des coups de verges, de fouets; des lapidations, complots, fausses accusations, injures, moqueries et railleries[143]. Ils faisaient l'objet de menaces de mort, de plaintes sans motifs véridiques devant des tribunaux. Etienne était mort par la lapidation[144]. D'autres faisaient l'objet d'expropriation des biens. Tous acceptaient la persécution sans murmures[145]. Ils s'en remettaient à

---

[140] (1The.3,2-4)
[141] (Ac.14,21-22)
[142] (Ac.16,23-25)
[143] (Ac.4,1-38,4; 17,6; 16,22-24; 17,32; 25,7-12;…)
[144] (Ac.7)
[145] (Ac.4,24; 12,5; Ro.5,3; 1Pi.2,19; 2Thes 1,4; 2Cor.4,17)

Dieu. <<*Nous sommes pressés de toute manière, mais non réduits à l'extrémité; dans la détresse, mais non dans le désespoir; persécutés*[146], *mais non abandonnés; abattus, mais non perdus; portant toujours avec nous dans notre corps la mort de Jésus, afin que la vie de Jésus soit aussi manifestée dans notre corps(...)*>>[147]. Dans cette optique Paul avait entre autres objectifs une connaissance parfaite de Christ et la communion de ses souffrances. Il écrivait: <<*Afin de connaître Christ, et la puissance de sa résurrection, et la communion de ses souffrances*[148], *en devenant conforme à lui dans sa mort, pour parvenir, si je puis, à la résurrection d'entre les morts*>>[149]. Il avait la révélation de la **COMMUNION AUX SOUFFRANCES DE CHRIST**. Jésus avait conseillé à chacun de prendre sa croix pour le suivre et être son disciple. Paul savait que Christ avait aimé l'église et s'était livré pour elle à la croix. C'est pourquoi il dit <<*je me réjouis maintenant dans mes souffrances pour vous; et ce qui manque aux souffrances de Christ, je l'achève en ma chair, pour son corps, qui est l'Eglise(...)*>>[150]. Il reçut des Juifs cinq fois quarante coups moins un[151], etc. Ils vivaient tous la souffrance de l'évangile comme un sujet de joie. <<*Jacques (...) aux douze tribus qui sont dans la dispersion, salut! Mes frères, regardez comme un sujet de joie complète les diverses épreuves auxquelles vous pouvez être exposés, sachant que l'épreuve de votre foi produit la patience. Mais il faut que la patience accomplisse parfaitement son œuvre, afin que vous soyez parfaits et accomplis, sans faillir en rien*>>[152].

---

[146] **Persécutés**: verbe, traitements ou attaques arbitraires violents et cruels subits.

[147] (2Cor.4,8-18)

[148] **Communion**: nom, union étroite, symbiose, interpénétration, unité, accord de plusieurs. **Souffrance**: nom, douleur, peine, problème, mal subi.

[149] (Phili.3,10-12)

[150] (Col.1,24-27)

[151] (**2Cor.11,23-32**)

[152] (Jc.1,1-4)

Quel était le contenu annoncé dans ces conditions de persécution permanente? Le contenu était l'Evangile de Dieu et/ou l'Evangile de Jésus-Christ: la bonne nouvelle du royaume et de la Parole de Dieu[153]. Il n'était pas altéré malgré la souffrance. A la Pentecôte, dès qu'il eut rempli les disciples, le Saint-Esprit leur rappelait les Ecritures et l'enseignement de Jésus[154]. Il leur révélait aussi des choses nouvelles et des choses à venir[155]. Il prenait ce qui est en Dieu et Jésus et le leur révélait[156]. Les sujets récurrents du message étaient la repentance, le salut, la foi, la grâce, la rédemption, le retour de Christ; selon la saine doctrine[157]. Pierre montrait l'accomplissement des Ecritures et prophéties, démontrant que Dieu avait fait Seigneur et Christ ce Jésus qui avait été crucifié. Il insistait sur la séparation d'avec la génération perverse, et exhortait à la repentance[158]. Paul démontrait que Jésus est le Christ, le Fils du Dieu vivant et vrai[159]. Il était déterminé pour l'Evangile[160] et disait: <<*mon Evangile*>>[161] ou <<*notre Evangile*>>. Il prêchait la repentance et la foi[162]. Il avertissait ceux qui n'obéissaient pas à l'Evangile[163]. Il révélait l'église[164] du Seigneur Jésus, expliquait le salut, la rédemption, l'adoption. Les chrétiens devenaient fils et héritiers de Dieu. Et dans leurs cœurs l'Esprit de Jésus criait: <<*Abba! Père*>>[165].

---

[153] (Mc.1,1;1,14; Ro.1,1;1,9;15,16-19; 1Cor.9,12-14; 2Cor.2,12;4,4;9,13;10,14;11,7; Gal.1,7; Eph.1,13; 6,15; Phili.1,27; 1The.2,2-9;3,2; 2The.1,8; 1Tim.2,11; Hé.1,1-4; 1Pi.4,17; etc.

[154] (2Tim.3,16; 2Pi.1,20-21; Gal.3,8-22; 2Cor.4,13; Jn.19,37; Ac.2,22-36;4,11;5,42)

[155] (Apo.1,1-3)

[156] (Jn.16,13-15)

[157] (1Tim.1,10; 2Tim.4,3; Tit.1,9; 2,1)

[158] (Ac.2,38)

[159] (Ac.9,20-22)

[160] (Ro.1,16)

[161] (Ro.2,16;16,25;2Tim.2,8; 1The.1,5; 2The.2,14) L'Evangile était confié aux apôtres par révélation et par enseignement pour être annoncé, proclamé et enseigné. **Gal. 2,7; Ro. 15,15-21; 2Tim.1,7-11; Tit.2,11-16**.

[162] (Ro.2,4)

[163] (Ro.10,16-17)

[164] Voir chapitre II.

[165] (Gal.4,4-7; Tit.3,4-7)

L'enseignement du Christ, continué par le Saint-Esprit dans les apôtres, concernait:

- Dieu le Père (sa nature, ses œuvres, sa sainteté, sa sagesse, sa Toute-Puissance, son amour, sa bonté, son œuvre, son éternité, sa création, sa grâce, sa miséricorde, sa justice, ses compassions, sa fidélité, sa gloire...).

- Jésus-Christ (sa divinité, son égalité avec Dieu, son mystère, son corps, son humilité, sa douceur, sa gloire, sa nature humaine, son nom, ses attributs, son caractère, la croix, son sang, sa résurrection, la grâce, l'expiation, le salut, sa gloire, son retour, le jugement...).

- Le Saint-Esprit (ses actes, sa puissance, ses opérations, sa divinité, ses dons, ses noms, ses paroles...).

- L'homme (le péché, la loi, la grâce, la rédemption, la réconciliation, la justification, l'appel, l'élection, la sanctification, l'espérance, la persévérance, aimer Dieu Jésus et le prochain, le mariage, la famille, la prière, la louange, l'adoration...).

- Les anges (le diable et les autres anges déchus, les anges du Seigneur et les anges élus, leur ministère et leur service...).

Ce que la Parole de Dieu enseignait dépassait toutes les précisions et interprétations[166] des hommes; car c'était esprit et vie de Dieu. Aussi son contenu prolongé par le Saint-Esprit à travers les apôtres fut-il d'une richesse inestimable parce que fondé sur la Sagesse et la Puissance de Dieu[167]; et tout n'a pas été écrit. <<*Jésus a fait encore beaucoup d'autres choses; si on les écrivait en détail, je ne pense pas que le monde même pût contenir les livres qu'on écrirait*>>[168]. Son enseignement se révèlera dense et profond[169]. Le résultat de

[166] **(2Pi.1,21-22)**
[167] (Job.28,18; Pro.8,11; 16,16)
[168] (Jn.21,24-25)
[169] (Jn.3,16-17)

l'attachement au Seigneur dans la persécution pendant l'annonce et l'enseignement de l'évangile est que le Saint-Esprit agissait dans les cœurs. Un grand nombre de personnes étaient converties.

Le grand nombre de personnes converties

L'annonce de l'évangile hors de Jérusalem marqua le pas peu après la Pentecôte. Pourquoi? Parce que les douze apôtres n'ont pas la vision de sortir des murs de Jérusalem[170]. L'église de Jérusalem était entrain d'être bâtie. Mais jusqu'à environ 10 années après la Pentecôte, aucun des douze ne sort évangéliser les autres contrées païennes (non-juives). Pierre et Jean vont et reviennent à Jérusalem[171]. Ils ne vivent pas toujours au milieu de ceux qu'ils évangélisent; sachant que pour sauver les pécheurs le Seigneur avait humblement quitté son trône au ciel pour venir vivre sur la terre ou il s'identifiait aux pécheurs. Il s'appelait lui-même <<*le Fils de l'homme*>>.

Lorsque Paul s'était converti et qu'Ananias alla le chercher, il peina à s'intégrer à l'église de Jérusalem[172]. Son passé de persécuteur faisait peut-être douter de sa conversion sincère. Il était reparti à Tarse sa ville d'origine.

Le démarrage de l'évangélisation dans les autres contrées lointaines a lieu d'abord par la dispersion des disciples persécutés: <<*Ceux qui avaient été dispersés allaient de lieu en lieu, annonçant la bonne nouvelle de la parole. Philippe, étant descendu dans la ville de Samarie, y prêcha le Christ. Les foules tout entières étaient attentives à ce que disait Philippe, lorsqu'elles apprirent et virent les miracles qu'il faisait. Car des esprits impurs sortirent de plusieurs démoniaques, en poussant de grands cris, et beaucoup de paralytiques et de boiteux furent guéris.*

[170] (Ac.6,7)
[171] (Ac.10,9-16)
[172] (Ac.9,26)

Et il y eut une grande joie dans cette ville>>[173]. Il est fait mention de plusieurs autres villes. <<*Ceux qui avaient été dispersés par la persécution survenue à l'occasion d'Etienne allèrent jusqu'en Phénicie, dans l'île de Chypre, et à Antioche, annonçant la parole seulement aux Juifs. Il y eut cependant parmi eux quelques hommes de Chypre et de Cyrène, qui, étant venus à Antioche, s'adressèrent aussi aux Grecs, et leur annoncèrent la bonne nouvelle du Seigneur Jésus. La main du Seigneur était avec eux, et un grand nombre de personnes crurent et se convertirent*[174] *au Seigneur*>>[175]. C'est le Saint-Esprit qui intervient auprès de Pierre pour qu'il aille annoncer l'évangile aux païens chez Corneille[176]. Le Saint-Esprit amène Barnabas à s'associer Paul[177]. A Antioche il mettra à part Paul et Barnabas et les enverra annoncer l'évangile au loin[178] ensemble, puis séparés[179]. Plus tard le Seigneur dit à Paul d'annoncer l'évangile à Rome comme à Jérusalem[180].

A Jérusalem ou en dehors, le Seigneur travaillait avec eux et confirmait l'évangile. <<*Et ils s'en allèrent prêcher partout. Le Seigneur travaillait avec eux, et confirmait*[181] *la parole par les miracles qui l'accompagnaient*>>[182]. Lorsque l'évangile était annoncé, le Saint-Esprit convainquait les pécheurs de péché, de justice et jugement. Quelques chiffres. Ils étaient 120 le jour où le Saint-Esprit est venu. Suite à la prédication de Pierre, il y avait eu environ 3000 conversions[183]. Ensuite le Seigneur ne va cesser d'ajouter à l'église ceux qui étaient sauvés[184].

---

173 (Ac.8, 4-8)
174 **Convertirent**: verbe, changer, faire demi-tour, transformer, passer d'un état à un autre.
175 (Ac.11,19-21)
176 (Ac.10,19-20)
177 (Ac.11,25-26)
178 (Ac.13,1-4)
179 (Ac.22,17-21)
180 (Ac.23,11)
181 **Confirmer**: verbe, attester la réalité et la vérité, rendre sûr, affirmer une nouvelle fois,
182 (Mc.16,20)
183 (Ac.2,41)
184 (Ac.2,47)

Peu après il y avait environ 5000 hommes[185]. Ce nombre allait croissant: <<*Le nombre de ceux qui croyaient au Seigneur, hommes et femmes, s'augmentait de plus en plus; en sorte qu'on apportait les malades dans les rues et qu'on les plaçait sur des lits et des couchettes, afin que, lorsque Pierre passerait, son ombre au moins couvrît quelqu'un d'eux. La multitude accourait aussi des villes voisines à Jérusalem, amenant des malades et des gens tourmentés par des esprits impurs; et tous étaient guéris*>>[186]. La croissance se poursuivait ensuite en Galilée, en Judée et en Samarie. Ce fut aussi le cas à Antioche[187]. La Parole souligne aussi la croissance du nombre des églises: <<*Les Eglises se fortifiaient dans la foi, et augmentaient en nombre de jour en jour*>>[188]. Le Seigneur disait à Paul de ne pas se taire face à la persécution car il avait <<*un peuple nombreux*>> dans la ville de Corinthe[189].

La puissance du Seigneur se manifestait aussi pour secourir les apôtres lorsqu'ils étaient en danger. Pierre fit l'expérience du secours de Dieu en prison. Il en fut de même pour Paul et Silas[190]. Les miracles, prodiges, guérisons, délivrances, visions, conversions, résurrections, révélations, etc, sont mentionnés plus de 36 fois dans le livre des Actes. Ainsi l'évangélisation par la puissance et la communion aux souffrances de Christ caractérisaient ce que le Saint-Esprit faisait pour l'édification des églises qui n'avaient pas de barrière sociales ni culturelles.

---

185 (Ac.4,4)
186 **(Ac.5,14; 6,1;6,7)**
187 (Ac.11,21-24;12,24)
188 (Ac.16,5)
189 (Ac.18,10)
190 (Ac.12,1-10; 16,23-40; 13,7-12)

L'unité de l'Esprit: ni Juif ni Grec, ni esclave ni libre

Par les voyages d'évangélisation de Paul, après les disciples dispersés, l'église avait dépassé les frontières de Jérusalem[191]. Chaque nouveau converti entrait dans l'église. Il devenait membre de la famille de Dieu dans laquelle il fallait conserver l'unité de l'Esprit par le lien de la paix. <<*(...) Car vous êtes tous fils de Dieu par la foi en Jésus-Christ ; vous tous, qui avez été baptisés en Christ, vous avez revêtu Christ. Il n'y a plus ni Juif ni Grec, il n'y a plus ni esclave ni libre, il n'y a plus ni homme ni femme ; car tous vous êtes un en Jésus-Christ. Et si vous êtes à Christ, vous êtes donc la postérité d'Abraham, héritiers*[192] *selon la promesse*>>[193]. Juifs et non-Juifs convertis devenaient la postérité d'Abraham en Jésus. Le monde était entrain de recevoir la bonne nouvelle. Il est écrit <<*Et, sans contredit, le mystère de la piété est grand: celui qui a été manifesté en chair, justifié*[194] *par l'Esprit, vu des anges, prêché aux Gentils, cru dans le monde, élevé dans la gloire*>>[195]. Des assemblées grandissaient en nombre de participants dans des maisons où les croyants admettaient la présence de non-croyants juifs et non-juifs pour écouter le message. Ces églises se localisaient dans diverses contrées et villes; s'édifiant de manière autonome[196]. Paul annonçait dans tous les milieux sociaux. <<*Je me dois aux Grecs et aux barbares, aux savants et aux ignorants. Ainsi j'ai un vif désir de vous*

---

[191] Des **contrées et villes** d'évangélisation: **l'Arabie** et **Damas** Ga.1,17; **Jérusalem** Ga. 1,18; **Tarse** 9,30; **Syrie** et **Cilicie** Ga.1,21. **Antioche** 11,26; **Chypre** (Salamine Ac.13,5; Paphos 13,6-12); **Pamphylie** (Perge Ac.13,13); **Antioche** de Pisidie Ac.13,14; **Iconium** Ac. 14,1; **Lystre** Ac.14,8-8; **Derbe** 14,20; **Phrygie** Ac.16,6; **Troas** Ac,16,9; **Philippes** Ac. 16,13-34; **Amphipolis, Apollonie** Ac.17,1; **Thessalonique** Ac.17,1; **Bérée** Ac.17,11,12; **Grèce** 20,1-2; **Athènes** Ac.17,16-33; **Tyr** Ac.21,1-4; **Césarée** Ac.21,8; **Malte** Ac.28,1-10; **Rome** Ac.28,16...

[192] **Héritiers**: nom, qui recueille, reçoit des legs ou des biens par succession.

[193] (Gal.3,24-29)

[194] **Justifier**: verbe, déclarer juste, vrai, authentique.

[195] (1Tim.3,16,15)

[196] Les **églises** sont désignées par le nom de la contrée ou la ville: **Judée** Ga.1,22. **Galatie** 1Cor.16,1; **Ephèse** Eph.1,1; Apo. 2,1; **Asie** 1Cor.16,19; **Laodicée** Col.2,1-4; Apo.3,14. **Thessalonique** 1Thes.1,1; **Macédoine** 2Cor.8,1; **Rome** Ro.1,1; **Babylone** 1Pi.5,13. Dans Apocalypse: **Smyrne** 2,8; **Pergame** 2,12; **Thyatire** 2,18; **Sardes** 3,1; **Philadelphie** 3,7...

annoncer aussi l'Evangile, à vous qui êtes à Rome. Car je n'ai point honte de l'Evangile: c'est une puissance de Dieu pour le salut de quiconque croit, du Juif premièrement, puis du Grec>>[197]. En Grèce à Athènes, Paul s'adressait aux philosophes épicuriens et aux foules à l'Aréopage. On retient cette longue annonce: <<*hommes Athéniens, je vous trouve à tous égards extrêmement religieux*[198]*. Car, en parcourant votre ville et en considérant les objets de votre dévotion, j'ai même découvert un autel avec cette inscription: A un dieu inconnu ! Ce que vous révérez sans le connaître, c'est ce que je vous annonce. Le Dieu qui a fait le monde et tout ce qui s'y trouve, étant le Seigneur du ciel et de la terre, n'habite point dans des temples faits de main d'homme; il n'est point servi par des mains humaines, comme s'il avait besoin de quoi que ce soit, lui qui donne à tous la vie, la respiration, et toutes choses...*>>[199]. Paul évangélisait dans différentes contrées et les résultats de étaient visibles dans des assemblées de maisons. La présence de Dieu en Esprit dans ces assemblées était prouvée par la manifestation des dons et/ou du fruit de l'Esprit. << *Si tous prophétisent, et qu'il survienne quelque non-croyant ou un homme du peuple, il est convaincu par tous, il est jugé par tous, les secrets de son cœur sont dévoilés, de telle sorte que, tombant sur sa face, il adorera Dieu, et publiera que Dieu est réellement au milieu de vous*>>[200]. Dieu était au milieu des églises dans les maisons.

L'enseignement dans des maisons

Au début de chaque église il y a le Saint-Esprit qui a dirigé les apôtres. C'est par exemple le cas de Paul et ceux qui l'accompagnaient. Le

---

[197] (Ro.1,13-16)
[198] **Religieux:** nom, pratiquant de religion avec une foi sans connaissance du vrai Dieu, mais attachée aux rituels, objets et formes extérieures de piété. La foi est malsaine.
[199] (Ac.17,22-28)
[200] (1Cor.14,22-25; Gal.5,22)

Saint-Esprit les empêchait d'aller dans certains lieux et les poussait à aller dans d'autres: <<*Ayant été empêchés par le Saint-Esprit d'annoncer la parole dans l'Asie, ils traversèrent la Phrygie et le pays de Galatie. Arrivés près de la Mysie, ils se disposaient à entrer en Bithynie ; mais l'Esprit de Jésus ne le leur permit pas. Ils franchirent alors la Mysie, et descendirent à Troas. Pendant la nuit, Paul eut une vision : un Macédonien lui apparut, et lui fit cette prière : Passe en Macédoine, secours-nous ! Après cette vision de Paul, nous cherchâmes aussitôt à nous rendre en Macédoine, concluant que le Seigneur nous appelait à y annoncer la bonne nouvelle*>>[201]. Ils se considéraient étrangers et voyageurs infatigables sur la terre. Comme le Seigneur Jésus avant eux[202], ils allaient de territoires en territoires. Ils entraient et se réunissaient et/ou logeaient dans des maisons des croyants ou non-croyants qui les accueillaient. Ce fut le cas à Troas: <<*Le premier jour de la semaine, nous étions réunis pour rompre le pain. Paul, qui devait partir le lendemain, s'entretenait avec les disciples, et il prolongea son discours jusqu'à minuit. Il y avait beaucoup de lampes dans la chambre haute où nous étions assemblés*>>[203]. Parfois ils n'hésitaient pas à louer une maison. A l'île de Malte ils ont logé chez Publius et ont annoncé l'évangile; tandis qu'à Rome, Paul <<*demeura deux ans entiers dans une maison qu'il avait louée*[204]*. Il recevait tous ceux qui venaient le voir, prêchant le royaume de Dieu et enseignant ce qui concerne le Seigneur Jésus-Christ, en toute liberté et sans obstacle*>>[205]. Après le premier travail d'évangélisation des apôtres, les prophètes venaient apporter leur aide. Ensuite il y avait souvent sur place un ancien ou une équipe

---

[201] (Ac.16,6-10)
[202] (Ac.10,38)
[203] (**Ac.20,6-8**)
[204] **Louer**: verbe, prendre à bail, réserver une place, quelque chose pour un moment.
[205] (Ac.28,30-31)

d'anciens (évêques, pasteurs, bergers) qui dirigeait la nouvelle église[206]. <<*Ils firent nommer des anciens dans chaque Eglise, et, après avoir prié et jeûné, ils les recommandèrent au Seigneur, en qui ils avaient cru*>>[207]. C'est dans ce sens que Paul exhorte Tite concernant certaines villes. <<*Je t'ai laissé en Crète, afin que tu mettes en ordre ce qui reste à régler, et que, selon mes instructions, tu établisses des anciens dans chaque ville, s'il s'y trouve quelque homme irréprochable*[208]*, mari d'une seule femme, ayant des enfants fidèles, qui ne soient ni accusés de débauche ni rebelles*>>[209]. Le Seigneur était le grand berger dirigeant chaque assemblée[210]. Il n'y avait point de fédération ni de confédération d'assemblées. Aucune n'avait de nom. Elles s'identifiaient par le nom de la ville. Ces églises édifiées dans des maisons étaient dynamiques[211]. L'évangélisation était un *aller* vers toutes les nations pour *faire* d'elles des disciples en les baptisant et en leur enseignant à persévérer et observer tout ce qu'avait prescrit le Seigneur Jésus-Christ.

IV - L'ESPERANCE, LA PERSEVERANCE ET L'ADORATION EN JESUS-CHRIST

Au ciel, Jésus continue d'intercéder pour son église[212]. Son ministère n'est pas terminé. La quatrième partie aborde: la question du rapport entre le temple de Dieu et les idoles. L'espérance, la persévérance et l'adoration en Jésus-Christ. Le Souverain sacrificateur établi sur la maison de Dieu. Et l'enseignement de Jésus pour nous aujourd'hui.

---

[206] (Eph. 4,9-13; Ac.20,17; Ti.1,5; 1Pi.5,1-4)
[207] (Ac.14,23)
[208] Irréprochable: adjectif, sans reproche, irrépréhensible, vrai, authentique.
[209] (Tit.1,5-6)
[210] (Hé.13,20-21)
[211] (Phili.3,13,18)
[212] (**Col.3,1;Hé.10,12;Ro.8,34**)

Quel rapport entre le temple de Dieu et les idoles ?

Jean dit: <<*Le Fils de Dieu a paru afin de détruire les œuvres du diable*[213]>>. Etant donné le nettoyage fait par Jésus et surtout la prophétie de sa destruction, le temple était devenu une maison dominée par le diable. Il avait connu un processus de paganisation comme le serpent d'airain. De lieu où se manifestait la sainteté et la gloire de Dieu, il était devenu nocif à la foi saine[214]. Il était à détruire selon le Seigneur.

Paul, sachant que c'est le corps du croyant qui est le temple du Saint-Esprit de Dieu, encourageait les disciples à vivre leur **FOI** en se détachant des idoles, des passions de la jeunesse[215]; et en évitant les ruses ou pièges du diable. Il s'interrogeait également sur le rapport entre le temple de Dieu et les idoles sous diverses formes. Il mettait en garde: <<*Ne vous mettez pas avec les infidèles sous un joug étranger. Car quel rapport y a-t-il entre la justice et l'iniquité? ou qu'y a-t-il de commun entre la lumière et les ténèbres? Quel accord y a-t-il entre Christ et Bélial? Ou quelle part a le fidèle avec l'infidèle? Quel rapport y a-t-il entre le temple de Dieu et les idoles*[216]*?*>>. Il répondait en ajoutant: <<*car nous sommes le temple du Dieu vivant, comme Dieu l'a dit: j'habiterai et je marcherai au milieu d'eux; je serai leur Dieu, et ils seront mon peuple. C'est pourquoi: sortez du milieu d'eux, et séparez-vous, dit le Seigneur; ne touchez pas à ce qui est impur, et je vous accueillerai. Je serai pour vous un père, et vous serez pour moi des fils et des filles,*

---

213 (1Jn.3,8) **Détruire**: verbe. Réduire à néant, démolir, abattre, anéantir, supprimer.
214 (**Tit.1,13**)
215 (**2Tim.2,22-26**)
216 (2Cor.6,14) Idole: représentation, chose, statut, construction, ou personne objet de culte, d'adoration, de vénération. <<*Un nommé Démétrius, orfèvre,* ***fabriquait*** *en argent* ***des temples de Diane****, et procurait à ses ouvriers* ***un gain considérable****(...)*>> (Ac.19,24-28).

dit le Seigneur Dieu Tout-Puissant>>[217]. Les fils et les filles de Dieu ne participent pas aux œuvres diaboliques.

Quelle attitude avoir de nos jours face au temple visible? Aucun verset n'affirme dans la nouvelle alliance que "l'Eglise est dans un temple visible". Mais il est écrit: <<*Tout est permis, mais tout n'est pas utile; tout est permis, mais tout n'édifie pas*>>[218]. Tout n'édifie pas. A terme, toute maison en forme de temple visible à part finit par sécréter une économie: un système religieux tiède et figé. Elle créé des institutions stériles fondées sur des traditions qui empêchent la manifestation de l'Esprit de Dieu. C'est un paganisme. Elle offre des conditions favorables à l'introduction d'antéchrists et des conducteurs qui usurpent la gloire de Dieu[219]. Or il est écrit: <<*à Dieu, seul sage, soit la gloire aux siècles des siècles, par Jésus-Christ! Amen!*>>[220]. Contrairement à un temple visible, une maison ordinaire d'habitation n'est ni le signe ni l'expression d'une religion instituée. Elle est simplement un lieu de vie. Jésus-Christ n'est pas venu instituer une religion. Car celle que Dieu a instituée avec les Juifs par le biais de la loi de Moïse n'a pas fonctionné. Et ce sont des sacrificateurs attachés à cette "religion de la loi mosaïque" qui ont condamné Jésus. Certains Juifs en faisaient une condition pour le salut des païens convertis. <<*Quelques hommes, venus de la Judée, enseignaient les frères, en disant: si vous n'êtes circoncis selon le rite de Moïse, vous ne pouvez être sauvés. Paul et Barnabas eurent avec eux un débat et une vive discussion...*>>[221]. Des disciples authentiques n'accepteront pas de continuer les pratiques et rituels que Dieu avait lui-

---

217 (**2Cor.6,16-18**); (**Hé.13,12-15**) <<*C'est pour cela que Jésus aussi, afin de sanctifier le peuple par son propre sang, a souffert hors de la porte. Sortons donc pour aller à lui, hors du camp, en portant son opprobre. Car nous n'avons point ici-bas de cité permanente, mais nous cherchons celle qui est à venir*>>.

218 (**1Cor.10,23**)

219 (**Gal.1,13-14;2Thes.2,4**)

220 (**Ro.16,27**)

221 (**Ac.15,1**)

même institués, dont le temple visible était le dépositaire et l'expression. A Jérusalem, au moment de trancher ces questions en rapport avec l'observation de la loi, Pierre disait explicitement: <<*Maintenant donc, pourquoi tentez-vous Dieu, en mettant sur le cou des disciples un joug*[222] *que ni nos pères ni nous n'avons pu porter ? Mais c'est par la grâce du Seigneur Jésus que nous croyons être sauvés, de la même manière qu'eux*>>[223]. Jésus était venu comme simple homme vivre aux milieu des pécheurs pour les sauver.

Dans la nouvelle alliance Dieu n'a jamais demandé aux chrétiens nés de nouveau, baptisés du Saint-Esprit de bâtir des temples liés à "la religion de la loi mosaïque". Jésus prophétisant la destruction du temple qui était la maison de Dieu son Père faisait sa volonté[224]. Il indiquait par là un changement radical. Il ne voulait plus qu'il y ait un temple dans la ville qui avait été sainte: Jérusalem. A fortiori Dieu n'a jamais voulu de temple visible dans les villes païennes comme aujourd'hui. D'où on se demande de savoir quel esprit inspire et ordonne de (re)bâtir des temples visibles aujourd'hui? Ne vaudrait-il pas mieux obéir à Dieu et à sa Parole en suivant les exemples inspirés par le Saint-Esprit? Les temples visibles: catholiques, réformés, méthodistes, libristes, frères, luthériens, anglicans, mennonites, salutistes, témoins de Jéhovah, protestants libéraux[225], adventistes, etc.; ainsi que certains évangéliques et pentecôtistes, sont grands, somptueux, chers... Ce faisant ils ne sont pas saints[226]: ils ne peuvent être sanctifiés. Car après la venue du Saint-Esprit à la Pentecôte, Dieu ne révèle aucun exemple de temple visible qui fut construit et sanctifié par la prière et la Parole dans les contrées et

---

[222] Joug: attelage en bois reposant de son poids sur la nuque de deux animaux liés, fardeau, poids liens pesants et pénibles; contrainte spirituelle, légaliste et inutile.

[223] (Ac.15,10)

[224] (Esa.66,1;Ac.7,47-51;17,24)

[225] Les adeptes de la théologie de la prospérité.

[226] On peut manger dans un temple d'idoles (**1Cor.8,9-12**). Il est malsain de prier Dieu dans ce temple (Lév.18,21;20,5-7;Jug.2,11;3,7;10,6;Ac.19,24;28;34-35; **Ac.22,18**...). **Jn.4,21-24**.

villes évangélisées. Jésus n'a pas pu sanctifier le temple de Jérusalem car ce sont les souverains sacrificateurs et responsables de ce temple qui l'ont fait crucifier. Et le paganisme est resté ancré dans l'esprit du temple. Qui peut réussir à sanctifier un temple visible alors que Jésus n'a pas pu le faire? Il y a ici et là des temples visibles (re)construits, avec au bout du processus: des rituels de sanctification. Le Saint-Esprit a un seul temple qu'il sanctifie: le corps du chrétiens. Les bâtiments, édifices ou salles consacrées comme temples visibles ne sont pas des temples du Saint-Esprit. Les croyants nés de nouveau et baptisés du Saint-Esprit s'assemblent pour rendre un culte d'adoration à Dieu en Esprit dans la maison où ils habitent et vivent; ou bien là où habite et vit un des leurs. Cette maison n'a rien d'un temple visible. C'est ce que croyaient et vivaient les disciples en espérant en Jésus.

L'espérance, la persévérance et l'adoration en Jésus-Christ

Les disciples, qu'on a appelé pour la première fois chrétiens à Antioche, mettaient leur espérance en Jésus-Christ et Dieu le Père[227]. Ils étaient enseignés sur des sujets de la vie quotidienne. <<*Que le mariage soit honoré de tous, et le lit conjugal exempt de souillure, car Dieu jugera les impudiques et les adultères. Ne vous livrez pas à l'amour de l'argent; contentez-vous de ce que vous avez; car Dieu lui-même a dit: je ne te délaisserai point, et je ne t'abandonnerai point* >>[228]. Ils vivaient la compassion, la **DOUCEUR** et l'humilité du cœur comme Jésus.

S'ils avaient voulu bâtir des temples visibles, ils auraient pu le faire. En avaient-ils des moyens? Ils organisaient des collectes[229]. Il y avait des dons volontaires et des libéralités. <<*Pour ce qui concerne la collecte en*

227 (Ac.11,26;1Tim.1,1;1Tim.4,10)
228 (Hé.13,4-8; Phil.4,11,14; **2Tim.1,3-4**)
229 (2Cor.8,20-21)

faveur des saints, agissez, vous aussi, comme je l'ai ordonné aux églises de la Galatie. (...)>>[230]. Certains vendaient leurs champs, propriétés, maisons, biens et apportaient le prix de ce qu'ils avaient vendu. <<*Car il n'y avait parmi eux aucun indigent: tous ceux qui possédaient des champs ou des maisons les vendaient, apportaient le prix de ce qu'ils avaient vendu, et le déposaient aux pieds des apôtres; et l'on faisait des distributions à chacun selon qu'il en avait besoin*>>[231]. Ils avaient tout en commun et étaient nombreux aux mêmes lieux[232].
Au total leurs moyens étaient: des savoirs architecturaux[233], des moyens humains, matériels, financiers, etc., et par dessus tout: une foi vivante. Certains étaient témoins de l'impôt payé à César par un statère issu d'un poisson. <<*Mais, pour ne pas les scandaliser, va à la mer, jette l'hameçon, et tire le premier poisson qui viendra; ouvre-lui la bouche, et tu trouveras un statère*[234]*. Prends-le, et donne-le-leur pour moi et pour toi*>>[235]. L'Esprit de crainte de Dieu, de force et de sagesse qu'ils avaient leur rappelait que *le Dieu qui a fait le monde* n'habite pas des temples visibles faits de mains d'hommes[236]. Ils ne prenaient pas la peine de *bâtir* des édifices dans le paysage rural ou urbain. Ils croyaient qu'ils avaient un temple plus grand et plus excellent en Jésus. Ils croyaient que ce temple existait au ciel, au paradis[237]. Il ne faut donc pas réduire ces croyants à des "chrétiens primitifs", membres de "l'église primitive", incapables et qui n'étaient pas en mesure de bâtir d'impressionnants grands temples. Ils pouvaient le faire. Ils gardaient la

---

230 (1Cor.16,1-3) **Collecte**: action de réunir, ramasser, rassembler, de recueillir des objets, de l'argent, etc. **Dons**: nom. La chose donnée est appelée don. **Libéralité**: disposition à donner, à offrir librement avec joie et générosité. Acte de donner sans contrepartie.

231 (Ac.2,45; 4,34-37)

232 (Ac.2,44;2,41;4,4;2,44-47)

233 (1Cor.3,10-13)

234 **Statère**: du grec statêr; unité de poids et de monnaie.

235 (Mat.17,27;Ro.13,6-7)

236 (**Ac.7,48;17,24-25**)

237 (Hé.9,11;13,14;2Cor.12,1-4)

parole de persévérance, la foi fondée sur les Ecritures[238]. Ils croyaient et pratiquaient ce qui est écrit et qu'ils vérifiaient. Il y avait des choses peu édifiantes dans des assemblées de maison: égoïsme au repas du Seigneur, ivrognerie, etc,[239] méritant réprobations. Paul disait: <<*c'est pour cela qu'il y a parmi vous beaucoup d'infirmes et de malades...* >>[240]. Preuve que l'Esprit de Dieu était au milieu d'eux dans les maisons et jugeait sévèrement les péchés pour maintenir la sainteté et la crainte de Dieu au milieu d'eux. Ce fut aussi le cas d'Ananas et Saphira[241]. Mais ces chrétiens ne s'étaient pas mis en tête de bâtir "des maisons spirituelles" comme temples visibles. Ce n'était plus la volonté de Dieu. La maison d'habitation et de vie était désormais **LE CHOIX DE DIEU**[242]. En vérité les disciples étaient conscients de participer à l'édification de l'ouvrage invisible du Seigneur. Jésus avait fait le projet de bâtir son église. Les apôtres étaient ouvriers avec Dieu dans cette édification. <<*Et il a donné les uns comme apôtres, les autres comme prophètes, les autres comme évangélistes, les autres comme pasteurs et docteurs, pour le perfectionnement des saints en vue de l'œuvre du ministère et de l'édification du corps de Christ, jusqu'à ce que nous soyons tous parvenus à l'unité de la foi et de la connaissance du Fils de Dieu, à l'état d'homme fait, à la mesure de la stature parfaite de Christ...*>>[243]. Jésus étant le propriétaire de l'ouvrage, les disciples travaillaient avec lui. Paul se comparait à un sage architecte: <<*Selon la grâce de Dieu qui m'a été donnée, j'ai posé le fondement comme un sage architecte*[244]*, et un autre bâtit dessus. Mais que chacun prenne garde à la manière dont il bâtit*

238 (Mat.10,22;24,13;**Ac.17,11**)
239 (1Cor.11,20-22;1Cor.1,11;5,1;2Tim.1,15;Apo.2,4; 2,14; 2,20)
240 (1Cor.11,30)
241 (Ac.5,1-11)
242 (**Phil.2,4-11; Mat.5,3;8,8**)
243 (**Eph.4,11-32; 1Cor.3,8**)
244 (1Cor.3,10-11; 12-15; 16-17; 6-7) **Sage**: nom et adjectif. Prudent, calme, réfléchi, etc., craint Dieu (Pro.1,1-7). **Ouvrier**: nom. Qui réalise un travail, une production, un ouvrage. **Architecte**: nom. Qui conçoit, réalise la construction de l'ensemble complexe d'un édifice.

dessus. Car personne ne peut poser un autre fondement que celui qui a été posé, savoir Jésus-Christ>>. D'autres disciples ouvriers avec Dieu devaient bâtir dessus avec divers matériaux. <<*Or, si quelqu'un bâtit sur ce fondement avec de l'or (...)*>>. L'ouvrage auxquels les disciples participaient à l'édification était connu et identifié comme le temple invisible de Dieu: le corps de Christ. <<*Ne savez-vous pas que vous êtes le temple de Dieu, et que l'Esprit de Dieu habite en vous? Si quelqu'un détruit le temple de Dieu, Dieu le détruira ; car le temple de Dieu est saint, et c'est ce que vous êtes*>>. Le Seigneur tenait à ce que son ouvrage demeure sanctifié et ne soit divisé. Pour cela Paul usait d'images de l'agriculture et du corps humain tout en montrant la complémentarité des disciples. Ils sont à la fois le champ de Dieu et des acteurs utilisés par le Saint-Esprit[245]. <<*J'ai planté, Apollos a arrosé, mais Dieu a fait croître, en sorte que ce n'est pas celui qui plante qui est quelque chose, ni celui qui arrose, mais Dieu qui fait croître*>>. Il comparait aussi l'église à un seul corps: <<*... Nous avons tous, en effet, été baptisés dans un seul Esprit, pour former un seul corps, soit Juifs, soit Grecs, soit esclaves, soit libres, et nous avons tous été abreuvés d'un seul Esprit*>>[246]. En "détruisant" le temple visible par prophétie, le Seigneur édifiait sans doute à la place un ouvrage spirituel invisible dans sa personne. <<*Car nous sommes son ouvrage, ayant été créés en Jésus-Christ pour de bonnes œuvres, que Dieu a préparées d'avance, afin que nous les pratiquions*>>[247]. Le temple détruit était l'ombre du vrai: Jésus-Christ. Ainsi en participant à l'édification de cet ouvrage, les chrétiens espéraient en lui et s'attachaient aux choses invisibles d'en-haut. <<*Cette espérance, nous la possédons comme une ancre de l'âme, sûre et solide; elle pénètre au delà du voile, là où Jésus est entré*

[245] **(1Cor.3,9)**
[246] **(1Cor.12,12-13)**
[247] **(Eph.2,10)**

pour nous comme précurseur[248]*, ayant été fait souverain sacrificateur*[249] *pour toujours, selon l'ordre de Melchisédek>>.*

Le Souverain sacrificateur établi sur la maison de Dieu

Les temples visibles de nos jours des dénominations chrétiennes, bâtis dans l'esprit du second temple de Jérusalem, ne correspondent point au plan et à la volonté de Dieu. Ils créent et entretiennent une croyance erronée à savoir qu'ils sont le lieu institué de la sainteté et la gloire de Dieu. Au contraire, il y a longtemps que la gloire de Dieu n'apparaissait plus dans le second temple dont le Seigneur Jésus avait du zèle. En vérité les temples chrétiens aujourd'hui, parce qu'ils sont visibles, donnent des représentations faussées du temple spirituel. Ils occultent le fait que Jésus a enseigné qu'il est l'unique vrai temple qui est éternel[250]. Ils retiennent injustement la vérité captive[251]. Ils recousent le voile et reconstruisent un mur de séparation entre les pécheurs et le Dieu d'Amour qui veut les sauver et leur donner son Esprit, pour qu'ils deviennent ses enfants. Tout se passe comme s'il suffisait d'entrer dans un temple visible et s'encarter pour être sauvé et réconcilié avec Dieu le Père. Christ a pourtant déchiré et détruit dans sa chair le voile et le mur de la séparation avec Dieu. Pourquoi recoudre et rebâtir? Ces temples empêchent de vivre une vraie relation avec Dieu le Père et avec Christ. Ceux qui en sont attachés doivent se repentir et changer…

Tandis que le Seigneur Jésus-Christ est au ciel auprès de Dieu; ces temples visibles sont des "*vaux d'or*": *des abominations!* Leur existence est la négation du fait que Jésus nous a déjà fait asseoir dans un meilleur temple. <<*Mais Dieu, qui est riche en miséricorde, à cause du*

---

248 (Hé.6,19-20) **Là où**: indique un lieu, un endroit, une maison. **Précurseur**: celui qui entre avant tous: premier. **Souverain sacrificateur**: le sacrificateur supérieur aux sacrificateurs.

249 **Melchisédek** (**Hé.7,1-3**).

250 (Apo.14,17;15,4)

251 (Ro.1,18-25)

grand amour dont il nous a aimés, nous qui étions morts par nos offenses, nous a rendus à la vie avec Christ (c'est par grâce que vous êtes sauvés); il nous a ressuscités ensemble, et nous a fait asseoir ensemble dans les lieux célestes, en Jésus-Christ[252]*, afin de montrer dans les siècles à venir l'infinie richesse de sa grâce par sa bonté envers nous en Jésus-Christ*>>. Que sert-il de s'asseoir dans des temples visibles qui s'inspirent, directement ou indirectement, de celui que Jésus[253] a détruit par sa parole prophétique?

A contrario, s'asseoir dans des maisons d'habitation et de vie pour communier entre chrétiens: c'est croire ce qui est écrit et le pratiquer comme les disciples qui avaient le Saint-Esprit avant nous; si nous croyons avoir reçu le même Saint-Esprit qu'eux. L'Esprit du Seigneur n'a pas changé. Le temple visible devait servir jusqu'à une époque de réformation. <<*Le Saint-Esprit montrait par là que le chemin du lieu très saint n'était pas encore ouvert, tant que le premier tabernacle subsistait. C'est une figure pour le temps actuel, où l'on présente des offrandes et des sacrifices qui ne peuvent rendre parfait sous le rapport de la conscience celui qui rend ce culte, et qui, avec les aliments, les boissons et les diverses ablutions, étaient des ordonnances charnelles imposées seulement jusqu'à une époque de réformation*[254]*. Mais Christ est venu comme souverain sacrificateur des biens à venir ; il a traversé le tabernacle plus grand et plus parfait, qui n'est pas construit de main d'homme, c'est-à-dire, qui n'est pas de cette création ; et il est entré une*

---

252 **(Eph.2,4-7) Faire asseoir**: verbe. Amener à prendre place, installer. **Ensemble**: collectivement, de manière unie. **Dans les lieux célestes**: au ciel.

253 Sur terre, Jésus n'a pas été adoré dans le temple. Des enfants l'avaient loué (Mat.21,15); cela a indigné les principaux sacrificateurs. Il fut adoré dans une maison (**Jn.9,38;Mat.2,11**), dans une barque (**Mat.14,33**), à sa résurrection (**Mat.28,9;Mat.28,17;Lc.24,52**).

254 (**Hé.9; Hé.10; Apo.15,5**). **Tabernacle**: tente, sanctuaire, lieu de sainteté qui a l'arche de l'ancienne l'alliance recouverte d'or, contenant la manne, le bâton d'Aaron refleuri, et les tables de la loi; etc. **Réformation**: nom. Changement radical de la forme et du fond, transformation; amélioration vers l'excellent et le parfait. **Mais**: conjonction, introduit une nouvelle proposition. Christ est venu changer le culte du sanctuaire terrestre qui était imitation du véritable au ciel. Il est le médiateur de la nouvelle alliance par son sang.

fois pour toutes dans le lieu très saint, non avec le sang des boucs et des veaux, mais avec son propre sang, ayant obtenu une rédemption éternelle>>.

Jésus-Christ est le Souverain sacrificateur établi sur la maison de Dieu. La Parole de Dieu souligne que Christ est <<*ministre du sanctuaire et du véritable tabernacle, qui a été dressé par le Seigneur et non par un homme*>>[255]. A ce titre Jésus-Christ <<*a obtenu un ministère d'autant supérieur qu'il est le médiateur d'une alliance plus excellente, qui a été établie sur de meilleures promesses*>>[256]. Jésus a rendu la nouvelle alliance avec Dieu possible. Il est désormais possible aux chrétiens nés de nouveau de s'approcher de Dieu par Jésus. <<*Et puisque nous avons un souverain sacrificateur établi sur la maison de Dieu, approchons-nous avec un cœur sincère, dans la plénitude de la foi, les cœurs purifiés d'une mauvaise conscience, et le corps lavé d'une eau pure*>>[257]. Seul Jésus permet d'approcher du trône de Dieu par la foi. Pourtant des chrétiens se retrouvent dimanche après dimanche (ou samedi après samedi...) dans un temple visible des dénominations citées. Là: il adorent! En vérité ils ne font que reproduire les Juifs et Samaritains sous la loi qui allaient adorer sur certaines montagnes ou au temple à Jérusalem. C'est la vraie fausse adoration.

Par la foi, la vérité et le Saint-Esprit: la communion et l'adoration en Jésus est permanente: sept jours sur sept; vingt-quatre heures sur vingt-quatre. Elle ne se fait pas dans un lieu dédié, aménagé pour cela, décoré... dans un temple en somme. Il est écrit: <<*Je ne vis point de*

---

255 (Hé.8,2)
256 (Hé.8,6)
257 **(Hé.10,29-22)**

temple dans la ville; car[258] *le Seigneur Dieu Tout-Puissant est son temple, ainsi que l'Agneau*>>. Il faut croire et mettre en pratique cette volonté parfaite de Dieu. Elle est déjà réelle au ciel. Il convient de croire et vivre ce verset comme nous croyons et vivons le fait que Jésus est le <<*Roi des rois et Seigneur des seigneurs*>>[259].

Si nous croyons que <<*Jésus-Christ est le même hier, aujourd'hui et éternellement*>>[260]; et que Dieu est éternel, il faut réfléchir. La Parole de Dieu exhorte à regarder aux choses invisibles[261]; à s'attacher aux choses d'en haut là où est notre mère[262]. <<*Si donc vous êtes ressuscités avec Christ, cherchez* les choses d'en haut, *où Christ est assis à la droite de Dieu. Affectionnez-vous aux choses d'en haut, et non à celles qui sont sur la terre*>>. Une chose d'en haut à laquelle s'attacher est le temple de Dieu. Comment s'attacher à ce temple si on est attaché aux temples visibles sur la terre? Il faut choisir. Jésus nous accorde la **MAÎTRISE DE SOI**: choisissons le Seigneur Jésus-Christ.

Un jour Jacob eut une vision d'une échelle appuyée sur la terre. En se réveillant il dit: <<*Certainement que l'Eternel est en ce lieu et moi je ne savais pas. Que ce lieu est redoutable! C'est ici la maison de Dieu, c'est ici la porte des cieux!*>>[263]. A la différence de David, Jacob reçoit une révélation et n'a pas la volonté d'édifier un temple visible. Il constate qu'il existe déjà une maison de Dieu qui est aussi la porte des cieux[264].

---

[258] (**Apo.21,22**) **Je ne vis point**: verbe. observer, regarder, découvrir, trouver, contempler, admirer. **Ne...point**: négation, point, pas. **Je**: pronom, singulier. 1e personne. Je ne vis point = je n'observa pas. Il n'y a pas de temple dans la ville du Seigneur. **CAR** = conjonction, coordination. Raison, motif, cause, explication. **Car** le temple est invisible; le temple c'est: <<*Le Seigneur Dieu Tout-Puissant ainsi que l'Agneau*>>.

[259] (**Apo.19,16**)

[260] (**Hé.13,8**)

[261] (**2Co.4,18**) **Invisible**: adjectif. Qui ne peut pas être vu. **Chercher**: verbe. Essayer de trouver, comprendre, voir, l'invisible. **S'affectionner**: verbe. Aimer, admirer, (**Col.3,1-3;3,2**). **Les choses:** nom. objets. **d'en haut**: ce qui est élevé. Les objets du ciel, du paradis, que l'homme naturel (sans l'Esprit de Dieu) ne peut voir (**1Cor.2,12-16**).

[262] (**Gal.4,26**)

[263] (**Gse. 28,16-17**)

[264] (Ps.93,1-5;Esa.6,1;66,1;Apo.4,1)

Longtemps après, la révélation de Jacob (maison de Dieu; porte des cieux) peut être mieux comprise par plusieurs versets. <<*Vous êtes concitoyens des saints, gens de la maison de Dieu. Vous avez été édifiés sur le fondement des apôtres et des prophètes, Jésus-Christ lui-même étant la pierre angulaire. En lui*[265] *tout l'édifice, bien coordonné, s'élève pour être un temple saint dans le Seigneur. En lui vous êtes aussi édifiés pour être une habitation de Dieu en Esprit*>>[266]. Il est encore écrit: <<*Chaque maison est construite par quelqu'un, mais celui qui a construit toutes choses, c'est Dieu. Pour Moïse, il a été fidèle dans toute la maison de Dieu, comme serviteur, pour rendre témoignage de ce qui devait être annoncé; mais Christ l'est comme Fils sur sa maison; et sa maison, c'est nous, pourvu que nous retenions jusqu'à la fin la ferme confiance et l'espérance dont nous nous glorifions. C'est pourquoi, selon ce que dit le Saint-Esprit: aujourd'hui, si vous entendez sa voix, n'endurcissez pas vos cœurs…*>>[267].

Le point capital de ce que nous disons est que le Seigneur Jésus-Christ est **LE TEMPLE INVISIBLE VIVANT ET SAINT**[268] où s'assemble, par la foi: son corps, l'église qu'il s'est acquise par son sang[269]. L'église de Dieu, la colonne et l'appui de la vérité est en Jésus-Christ le Seigneur[270]. Elle est l'ensemble des élus en Jésus-Christ[271] et prend forme dans les pierres vivantes. <<*Approchez-vous de lui, pierre vivante, rejetée par les hommes, mais choisie et précieuse devant Dieu; et vous-mêmes, comme des pierres vivantes, édifiez-vous pour former une maison*

---

265 **En lui**: à l'intérieur de lui, dans lui, par lui, à travers lui, grâce à lui.
266 (Ep.2,19-22;Jn.2,18-22;1Cor.3,17;2Cor.6,16)
267 (**Hé.3,4-6**)
268 (Apo.11,1;11,19; **1Cor.1,9**)
269 (Ac.20,28-29)
270 (**1Tim.3,15**)
271 (**Eph.1,4**)

spirituelle[272]*, un saint sacerdoce, afin d'offrir des victimes spirituelles, agréables à Dieu par Jésus-Christ*>>. L'amour de Dieu est le lien parfait entre ces pierres. Les croyants nés de nouveau sont le temple du Saint-Esprit. Lorsqu'ils étaient baptisés au nom du Seigneur Jésus-Christ[273], les apôtres priaient pour eux afin qu'ils reçoivent le Saint-Esprit. <<*Les apôtres, qui étaient à Jérusalem, ayant appris que la Samarie avait reçu la parole de Dieu, y envoyèrent Pierre et Jean(...) Alors Pierre et Jean leur imposèrent les mains, et ils reçurent le Saint-Esprit*>>[274]. Les apôtres insistaient sur le baptême au nom du Seigneur Jésus et le baptême du Saint-Esprit. <<*Paul (...) ayant rencontré quelques disciples, il leur dit: Avez-vous reçu le Saint-Esprit, quand vous avez cru? Ils lui répondirent: Nous n'avons pas même entendu dire qu'il y ait un Saint-Esprit. (...) Lorsque Paul leur eut imposé les mains, le Saint-Esprit vint sur eux, et ils parlaient en langues et prophétisaient. Ils étaient en tout environ douze hommes*>>[275]. Dans cette perspective, Paul, fidèle à la pensée de Christ enseignait que le temple du Saint-Esprit est le corps. <<*Ne savez-vous*[276] *pas que votre corps est le temple du Saint-Esprit qui est en vous, que vous avez reçu de Dieu, et que vous ne vous appartenez point à vous-mêmes? Car vous avez été rachetés à un grand prix*[277]*. Glorifiez donc Dieu dans votre corps et dans votre esprit, qui appartiennent*[278] *à Dieu*>>. Certains chrétiens semblaient ignorer leur identité en Christ et le fait qu'ils étaient le temple du Saint-Esprit. Qu'en est-il précisément de nos jours?

---

[272] (**1Pi.4,17**;1Pi.2,4-5) **Maison:** lieu de vie et d'habitation quotidienne. **Spirituelle**: qui est en rapport avec l'esprit. La maison spirituelle = maison faite par l'Esprit, maison de l'Esprit, maison où vit l'Esprit = Maison que Jésus bâtit par les sanctifiés qui ont le Saint-Esprit. C'est la maison de Dieu. C'est l'église du Seigneur Jésus.

[273] **Baptiser** = immerger, plonger entièrement. Différent d'asperger.

[274] (**Ac.8,14-17**)

[275] (**Ac.19,1-7**)

[276] **Racheter**: verbe. Reprendre, acquérir, libérer, délivrer, affranchir. (1Cor.3,16-17; 6,19-20)

[277] (1The.1,1;2,1) **Grand prix**: prix important, grande valeur inestimable. (**Apo.5,9-10**).

[278] **Appartiennent à**: verbe. Etre la propriété de, dépendre de Dieu.

L'enseignement de Jésus-Christ pour nous aujourd'hui

L'enseignement de Jésus-Christ, complété et approfondi par le Saint-Esprit dans ses disciples, est-il toujours valable pour nous aujourd'hui[279]? Témoignage. Je viens du Gabon. Mes parents étaient catholiques. J'étais pratiquant. Je fus interne au séminaire Saint-Jean de Libreville pour devenir prêtre. Le séminaire ayant fermé un moment, j'ai continué mes études dans un lycée, avant d'aller à l'université. Ensuite je suis venu étudier en France où je continuais à pratiquer "ma religion". J'allais à Lourdes. J'achetais des objets religieux dont une statuette de la vierge Marie que j'adorais. J'avais un chapelet, de l'eau bénie, les "prières des saints", et une bible avec apocryphes...

Un jour, en mai 1993, dans la résidence universitaire où je vivais à Toulouse, je fus invité dans une chambre pour écouter l'évangile. Le Pasteur Paul Lafayette des Assemblées De Dieu (ADD) prêcha sur Jean 4,7-24. En expliquant l'adoration au verset 24: <<*Dieu est Esprit, et il faut que ceux qui l'adorent l'adorent en Esprit et en vérité*>>; je comprenais que j'étais dans l'erreur à propos de Dieu et de la manière dont il veut qu'on l'adore. Je ressentais une profonde conviction de péché dans mon cœur. Ma foi n'était pas conforme à ce qu'enseigne la Parole de Dieu. Je me repentis. J'accepta le pardon de Dieu et je recevais le Seigneur Jésus-Christ dans mon cœur comme Sauveur et Seigneur. Je venais de naître de nouveau. J'étais converti au Seigneur Jésus-Christ. En remontant dans ma chambre, je me débarrassa (en jetant dans la poubelle) de mes objets religieux catholiques. Dès lors j'expérimenta une joie et une paix profonde. J'étais réconcilié avec Dieu par le Seigneur Jésus-Christ. Je commençais alors à véritablement adorer Dieu et le Seigneur Jésus-Christ de tout mon cœur, sans idoles; mais avec foi comme il est écrit: <<*par lui, offrons sans cesse à Dieu un*

[279] **Aujourd'hui**: c'est-à-dire **"2 jours après"** que le Seigneur ait donné son enseignement.

sacrifice de louange, c'est-à-dire le fruit de lèvres qui confessent **SON NOM**>>[280]. J'étais ensuite invité dans les réunions au temple. Quelques temps après je me faisais baptiser d'eau dans le temple. J'étais vraiment baptisé du Saint-Esprit un peu plus tard ailleurs, hors de ce temple. En vivant avec le Seigneur Jésus-Christ, je discernais qu'il y avait beaucoup de choses qui s'enseignaient et se pratiquaient dans les temples visibles, et étaient en contradiction avec les Ecritures. Je réalisais qu'après avoir quitté la religion catholique, j'étais dans d'autres: celles des évangéliques et pentecôtistes. Sur des évidences, le catholicisme n'était pas conforme à la Parole de Dieu. Dans les ADD, l'Eglise Evangélique Apostolique (EEA), etc., il y avait des écarts avec la Parole. Par exemple lorsque le Pasteur Jean Berthot (EEA, l'Arche) de Toulouse priait pour un chrétien, celui-ci tombait à la renverse. Autre exemple le fait de baptiser à l'intérieur du temple visible, au lieu d'un vrai plan d'eau naturel. De plus le baptême se faisait quasiment immédiatement après la conversion. Les disciples n'attendaient pas un temps relativement long comme aujourd'hui. Je me souviens du Pasteur Paul Ballière (ADD) à Caen disant du haut de la chair: <<*l'évangélisation doit commencer par les chrétiens des assemblées parce qu'ils ne sont pas convertis*>>. Cette phrase me laissa perplexe. Il parlait peut-être de la tiédeur de l'assemblée figée. Pour notamment produire un réveil, il avait rénové l'intérieur du temple visible en ôtant une grosse Bible qui était devant la chaire. Il fit des travaux avec l'argent que l'association cultuelle disposait dans son compte. Il s'en justifiait: <<*ce n'est pas l'église qui doit "nourrir" les banquiers*>>. Il fallait utiliser l'argent qui "dormait" dans le compte. Je lui avais demandé si les entreprises qui faisaient les travaux dans la salle de culte étaient "chrétiennes". Je me référais à la reconstruction du temple dans les Ecritures. Je croyais que Dieu ne

---

280 **(Hé.13,15)**

change pas. Le Pasteur m'avait répondu que les entreprises n'étaient pas "chrétiennes". Avec le recul, la rénovation a eu un impact sur le confort dans la salle. Mais il n'y a eu aucun effet réellement visible sur la foi des chrétiens. L'esprit de religiosité était toujours là. Deux cas de rituels bizarres, parmi d'autres, en Région Île-de-France où je vis. Dans une assemblée, en hiver et il fait froid; en plein culte un "ancien" demande de jeter les vestes au sol et de marcher par-dessus. Dans une autre, pendant une "veillée de prière", des bougies sont allumées partout dans la salle et la consigne est de faire un parcours vers chaque bougie et de prier devant elle. Face à ces incohérences, j'avais à cœur d'étudier profondément la Parole de Dieu. C'était pour mieux servir le Seigneur Jésus-Christ. Je voulais aussi comprendre pourquoi les assemblées étaient si paganisées. Je croyais que la Parole de Dieu avait réponse à tout et qu'elle pouvait mieux m'éclairer. En cherchant une école, le Pasteur Jean-Marie Ribay m'orienta à Béthanie où il enseignait. Je m'étais inscrit à Béthanie - Centre de Formation Biblique de Vorey. Le Pasteur Thomas Hindmann était le responsable. A l'issue de la formation, j'ai appris des choses, à l'instar de la Parole de Dieu qui s'explique par elle-même de manière inductive. Je comprenais que le Seigneur Jésus s'était indigné il y a plus de 2000 ans contre une forme de paganisme du temple, la maison de Dieu son Père. Ce phénomène n'était pas nouveau. J'ai produit un mémoire dans lequel j'essayais de montrer que des pasteurs prêchaient sans le Saint-Esprit; avec des motifs impurs. Exemple: des pratiques visibles sur Internet. En tapant le mot clé Jésus-Christ sur Youtube ou Google, on constate que les faux enseignements, doctrines démons, faux miracles, faux prophètes et pratiques non-bibliques sont légion dans des temples dits chrétiens[281]. Sans parler des scandales catholiques liés à la sexualité. Ces désordres

[281] (**Mat.24,5;2Pi.3,3;Jud.1,4;Hé.13,9;1Tim.4,1;6,3; 2Tim.3,2;Col.2,22-23;2Cor.11,13**)

font l'objet de plaintes et/ou de dénonciations des dérives sectaires. Mais la loi humaine pourra-t-elle changer le cœur des hommes à l'égard du péché dans un pays laïque? En tout cas on en vient à une conviction. Si le Saint-Esprit est absent, l'édification de l'église n'est pas possible. Il y a sécrétion des conditions de paganisme. Une personne peut être membre d'une association cultuelle pendant des décennies. Si les enseignements et paroles qu'elles reçoit ne sont pas inspirés du Saint-Esprit; elle ne sera ni convertie, encore moins édifiée spirituellement. L'absence du Saint-Esprit fait qu'il s'installe des rituels et pratiques non-bibliques. Il n'empêche qu'on observe, d'un côté, des chrétiens qui font une course effrénée de multiplication des "temples visibles gigantesques". L'entreprise serait d'une importance "hautement spirituelle". Et on entend souvent le terme "église-mère" et bien d'autres, concernant l'église, qui ne sont pas dans la Bible. De l'autre côté, avec des abandons des religions; il y a des croyants qui ont à cœur de se sanctifier, vivre la sainteté et la crainte de Dieu. Parmi eux plusieurs expérimentent à nouveau les assemblées d'églises de maison. Pour ne citer que deux: en Normandie, Valère, et en Région parisienne, Gustave.

En somme, ce témoignage permet de proclamer que Seigneur Jésus-Christ mon Sauveur et Seigneur est vrai. N'étant plus sur la terre comme autrefois, en chair et en os, Jésus peut vraiment être partout à la fois: c'est pour cela qu'il a envoyé son Esprit-Saint. Pour les chrétiens, l'enjeu n'est pas de bâtir le plus beau ou le plus grand temple, ni choisir ou aller dans un temple pour s'assembler. Il est d'*habiter unis ensemble* dans le lieu que Dieu a choisi d'avance à travers l'œuvre et l'enseignement de son Fils Jésus. J'invite le lecteur à méditer, réfléchir, vérifier les Ecritures par lui-même pour expérimenter Jésus-Christ et être vraiment membre de son corps par l'Esprit et dans la Vérité.

Conclusion

Le temple visible n'est plus le lieu de la sainteté et la gloire de Dieu. Elles sont en Jésus-Christ qui avait choisi la maison d'habitation et de vie pour remplir ses disciples du Saint-Esprit et édifier l'église. Celle-ci ne se conformait point *au siècle présent*. Au contraire, transformée par le renouvellement du Saint-Esprit, elle discernait la volonté et le choix de Dieu: ce qui est bon, agréable et parfait. Elle offrait son corps en sacrifice vivant, saint et agréable à Dieu. Elle avait la cuirasse de la foi, de l'amour, et le casque de l'espérance du salut[282]. Cela n'est plus le cas aujourd'hui dans les assemblées. La pratique est en décalage avec les Ecritures. L'enseignement de Jésus concernant l'état du temple est applicable en France de nos jours. Du reste tous ses enseignements le sont. La conformité au monde païen atteint la majorité des assemblées d'églises. Il n'y a plus de différence entre ce qu'enseignent et vivent les païens dans le monde, et ce qu'enseignent et vivent les chrétiens dans leurs temples. L'Evangile de Jésus et de Dieu est vraie à notre époque environ 2000 ans après. Le Seigneur Jésus est le plus grand enseignant de tous les temps. Il est lui-même son enseignement. Il revient bientôt juger le monde. L'Esprit avertit pour ne pas être jugé ouvrier d'iniquité[283]. Il faudrait revenir au vrai temple et à la vraie église qui ne met pas sa confiance dans la chair mais en Jésus. Elle se sanctifie par amour, vit pour la louange, l'honneur, la sainteté et la gloire de Dieu. Le Seigneur Jésus-Christ son Fils bien-aimé est ce seul temple où cette église adore par la foi, la vérité et le Saint-Esprit: Dieu assis sur son trône de grâce.

---

[282] (1The.5,8)
[283] (Mat.7,17-23; Lc.13,26-28)

TABLE DES MATIERES

INTRODUCTION.. 1

I - LE CONSTAT D'UN TEMPLE PAGANISE 2

Un bref rappel de la vie de Jésus... 2

La maison de trafic.. 8

La caverne de voleurs.. 10

La promesse de Jésus: bâtir son église.................................. 13

II - LE DON DU SAINT-ESPRIT ET L'EDIFICATION DE L'EGLISE 14

Le Saint-Esprit rempli les disciples dans des maisons................. 14

L'ordre de Jésus à Paul: sortir de Jérusalem............................ 16

Les assemblées d'églises dans des maisons.............................. 18

L'église: le corps de Christ le Sauveur glorifié.......................... 21

III - LA COMMUNION DE JESUS-CHRIST ET L'EVANGELISATION 23

L'annonce de l'évangile face à la persécution........................... 23

Le grand nombre de personnes converties................................ 29

L'unité de l'Esprit: ni Juif ni Grec ni esclave ni libre.................... 32

L'enseignement dans des maisons... 33

IV - L'ESPERANCE, LA PERSEVERANCE ET L'ADORATION EN JESUS-CHRIST 35

Quel rapport entre le temple de Dieu et les idoles ?.................. 36

L'espérance, la persévérance et l'adoration en Jésus-Christ........ 39

Le Souverain sacrificateur établi sur la maison de Dieu............. 43

L'enseignement de Jésus-Christ pour nous aujourd'hui.............. 49

CONCLUSION.. 53

Annexe 1 - Le temple de Salomon

Annexe 2 - Le second temple au temps de Jésus-Christ

Annexe 1

LE TEMPLE DE SALOMON
Source: La Bible Thompson, Louis Second, Edition Vida, 1990.

Annexe 2

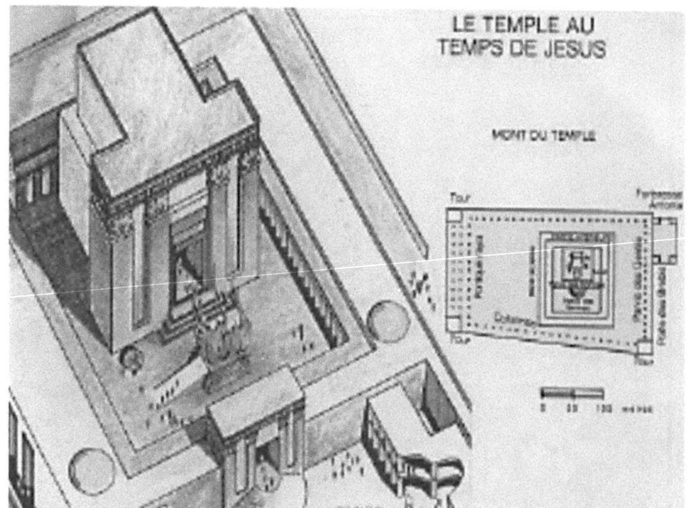

LE SECOND TEMPLE AU TEMPS DU SEIGNEUR JÉSUS-CHRIST
Source: La Bible Thompson, Louis Second, Edition Vida, 1990.

(Page de couverture devant et Titre):

(Image d'illustration par des fruits)

LE TEMPLE ET L'EGLISE
L'enseignement du Seigneur Jésus-Christ aujourd'hui

Jean-Rigobert Ello Ntoutoume

(Page de garde):

Psaume 83,3-5

*<<Le passereau même trouve une maison,
et l'hirondelle un nid où elle dépose ses petits.
Tes autels, Eternel des armées ! Mon Roi et mon Dieu !
Heureux ceux qui habitent ta maison !
Ils peuvent te louer encore.
Heureux ceux qui placent en toi leur appui !
Ils trouvent dans leur cœur des chemins tout tracés>>.*

(Page de la Couverture derrière: texte de la quatrième de couverture et biographie):

David décida de bâtir un temple à Dieu qui ne l'avait pas demandé. Salomon bâtira ce temple: une maison en forme de bâtiment ou édifice dont la construction dura sept ans. Il reconnaîtra d'emblée que Dieu n'habite pas sur terre. Néanmoins, la gloire et la sainteté de Dieu se manifestaient dans ce temple visible. Il était le lieu indiqué par Dieu pour enseigner aux Juifs la nécessité de la sainteté, et la gravité du péché. Ensuite il fut détruit et remplacé par un second temple. Au temps du Seigneur Jésus-Christ le second temple existait toujours. Le peuple s'y assemblait pour prier, se prosterner et adorer Dieu.
Au regard de l'œuvre et de l'enseignement du Seigneur Jésus sur son église, le second temple était-il toujours le lieu de la gloire et la sainteté de Dieu? Comment Jésus-Christ envisage-t-il le temple et l'église dans son œuvre? Quel enseignement pour aujourd'hui? Ce livre propose des éléments de réponse à ces questions par un *"examen béréen"* des Ecritures. Il témoigne et atteste que l'Evangile du Seigneur Jésus-Christ s'applique à la France et au monde d'aujourd'hui.

Jean-Rigobert Ello Ntoutoume s'était converti au Seigneur Jésus-Christ à Toulouse en 1993. Il fut membre des Assemblées De Dieu et des Eglises Evangéliques Apostoliques de France. Il proclame désormais l'Evangile à tous ceux qui ont à cœur de lire et pratiquer la Vérité.

Printed by Books on Demand GmbH, Norderstedt / Germany